ŒUVRES

POSTHUMES

DE MARMONTEL.

LA NEUVAINE DE CYTHÈRE.
—POLYMNIE.

DE L'IMPRIMERIE DE FIRMIN DIDOT,
IMPRIMEUR DU ROI, DE L'INSTITUT ET DE LA MARINE,
RUE JACOB, N° 24.

ŒUVRES

POSTHUMES

DE MARMONTEL,

DE L'ACADÉMIE FRANÇAISE;

ORNÉES DE GRAVURES.

A PARIS,

Chez L'ÉDITEUR, rue de la Michaudière, n° 9.
Et chez VERDIÈRE, quai des Augustins, n° 25.

1820.

AVANT-PROPOS.

La *Neuvaine de Cythère* a été composée par Marmontel, vers l'année 1770 : l'auteur en fit alors plusieurs lectures qui eurent le plus grand succès; en effet cet écrivain, qui a des titres de plus d'un genre à la célébrité, n'a déployé dans aucune de ses compositions autant de verve et de talent poétique : je ne crains pas de dire, que l'on n'a rencontré jusques à-présent dans aucun poëme quelconque, tant de facilité unie à tant d'élégance; les ressources de la langue mythologique y sont employées avec une richesse d'imagination peu commune; la variété des tours, la fraîcheur du coloris, l'originalité des tableaux et l'harmonie continue du style, donnent à cet ouvrage un éclat et un charme très-remarquables, et l'on pourrait parier que, malgré la tendance des idées vers la politique, la Neuvaine de Cythère fera la plus grande sensation, et ajoutera beaucoup à la réputation poétique de Marmontel. C'est cette conviction qui a décidé son fils à permettre qu'on publiât un ouvrage où quelques censeurs sévères trouveront peut-être quelques images un peu trop vives : l'auteur a su du moins donner à son style la décence que ses pensées n'avaient pas toujours, et il s'est souvenu de ce que disait Boileau du lecteur français :

> Du moindre sens impur la liberté l'outrage,
> Si la pudeur des mots n'en adoucit l'image.

LA NEUVAINE

DE CYTHÈRE.

CHANT PREMIER.

SOMMAIRE

DU PREMIER CHANT.

Préférence donnée par le poëte à tous les sujets mythologiques. Vénus s'endort dans un bosquet, et son sommeil est enchanté par un songe voluptueux : un faune arrive, en profite, et lui plaît. Vénus le fait monter avec elle sur son char.

LA NEUVAINE

DE CYTHÈRE.

CHANT PREMIER.

LE SONGE.

A-t-on le cœur de chanter des batailles,
De célébrer des héros forcenés,
Portant la flamme au sein de nos murailles,
Et désolant nos champs abandonnés?
Le beau spectacle, où l'on tue, où l'on pille!
Du villageois enlever le dindon,
Plumer sa poule, et violer sa fille;
Forcer le cloître, et profaner la grille,
Sans respecter l'aumusse et le cordon;
Prendre au toupet les nièces des chanoines,

Boire, en jurant, le meilleur vin des moines;
Terrible Mars, ce sont là de tes jeux.
Ah! loin de moi ces mortelles alarmes.
Je vais chanter des exploits courageux,
Qui tout au plus font verser quelques larmes.
L'art de détruire est sans doute un grand art :
En frémissant c'est ainsi qu'on le nomme;
Mais j'aime mieux avoir fait un seul homme,
Qu'avoir vaincu, n'en déplaise à Folard,
Tous les héros de la Grèce et de Rome;
Cueillons le myrte, et laissons les lauriers.
Chantons l'amour, qui console le monde
De tous les maux que lui font les guerriers :
Heureux l'amant dont la flamme féconde
Brûla neuf fois l'encens sur ses autels!
Ce sont les faits qu'on do't rendre immortels.

Dans un bosquet, dont l'amoureux feuillage
En se courbant mariait son ombrage,
Vénus dormait sur un gazon naissant;
Le coloris, la fraîcheur du bel âge,

DE CYTHÈRE.

De la santé l'éclat éblouissant,
Et les rondeurs d'un élégant corsage,
Et d'un beau sein le tour appétissant,
Et cette croupe et si blanche et si belle,
Et mille attraits dont il n'est pas décent
De peindre aux yeux l'image naturelle,
Se déployaient sur ce corps ravissant.

Dans le sommeil un songe caressant
Flattait son sein, voltigeait sur sa bouche,
D'un doigt folâtre appelait le désir,
Et d'un coup d'aile éveillait le plaisir.

Vénus soupire : une nouvelle couche
De vermillon colore son beau teint.
Son cœur ému se dilate et palpite,
Et chaque instant redouble et précipite
Le mouvement qui soulève son sein.
Son œil humide, à travers la paupière,
Laisse échapper une douce lumière,
Feu du désir, feu rapide et brillant,

Qui de son cœur jaillit en pétillant.

Elle touchait à ce moment où l'ame
De ses liens est prête à s'envoler,
Et n'attend plus qu'une bouche où sa flamme
Par un soupir se plaise à s'exhaler.

Un jeune faune ardent, nerveux et leste,
Le coq brillant des nymphes d'alentour,
Très-éloquent de la voix et du geste,
Et, comme un page, insolent en amour,
Trouve à l'écart cette beauté céleste,
S'arrête, admire, approche à petit bruit,
Dévore tout d'un regard immodeste.
« Ah! c'est Vénus; je reconnais le ceste,
« Dit-il; amour, c'est toi qui m'as conduit.
« Reine des cœurs, charme de la nature,
« Vénus, je brûle, et crains de te saisir. »
Puis, d'une main soulevant la ceinture :
« Le voilà donc le trône du plaisir!
« Que de trésors! ah! brusquons l'aventure. »

DE CYTHÈRE.

Quelque novice eût trouvé le bonheur
Dans un baiser; le faune, moins timide,
Va droit au fait, et la reine de Gnide,
En s'éveillant, le nomma son vainqueur.

Il faut savoir que, mollement penchée,
A demi-corps Vénus était couchée;
L'un des genoux sur les fleurs est tendu;
Au bord du lit l'autre tient suspendu
Le poids léger d'une jambe arrondie.
A se poster le faune s'étudie :
Sur les deux mains son corps est balancé;
Le trait perçant brûle d'être lancé;
Il le retient, il l'ajuste, il le glisse
Si doucement, que le songe propice
N'est dissipé qu'après être accompli.
En s'envolant un songe laisse un vide;
De celui-ci, par un plaisir solide,
La place est prise, et le vide est rempli.

Vénus s'éveille : « Ah! se peut-il qu'un songe,

« S'écria-t-elle, agite ainsi mes sens !
« Dieux ! quelle ardeur ! ce n'est point un mensonge ;
« Non ; je le vois, je le tiens, je le sens.
« Est-ce un mortel, un dieu qui me possède ?
« Qui que tu sois, ô mon cher ravisseur,
« A tes transports je pardonne, je cède :
« Pour être un crime ils ont trop de douceur. »

Le jeune faune, embrassant Cythérée,
Lui répondit par des baisers brûlants ;
Il la voyait, de plaisir altérée,
Fixer sur lui des yeux étincelants.
« Ah ! c'en est fait, dit-il, reçois mon ame,
« Vénus, Vénus, suprême volupté ;
« Pour me punir de ma témérité,
« L'amour me change en un torrent de flamme. »

Il dit : Vénus n'entendit pas ces mots.
Une déesse en ces moments se pâme
Tout comme une autre : un moment de repos
La ranima. Vénus trouva son faune

Plus beau que Mars, plus tendre qu'Adonis.
« Viens, que nos cœurs à jamais soient unis;
« Viens, lui dit-elle, et partage mon trône. »
Elle commande, et deux coursiers ailés,
Deux blancs pigeons à son char attelés,
Agitent l'air de leur aile argentée.
Le char approche, et Vénus enchantée,
D'un air joyeux y monte lestement,
Et dans ses bras y reçoit son amant.
Mais, trop étroit, le char n'a qu'une place.
Sur le côté Vénus en vain s'efface;
En la gênant, il se gênait aussi.
Sur mes genoux, en pareille aventure,
Je l'aurais mise; il l'y mit, et voici
De leur voyage une exacte peinture.

LA NEUVAINE
DE CYTHÈRE.

CHANT DEUXIÈME.

SOMMAIRE

DU DEUXIÈME CHANT.

Le faune et Vénus traversent la plaine azurée : description du voyage : Vénus fait remarquer au faune que, sur la terre, tous les mortels sont heureux d'aimer; mais tout-à-coup le ciel s'obscurcit, les nuages s'amoncellent; c'est la Jalousie qui veut susciter un orage pour troubler le bonheur des deux amants.

LA NEUVAINE
DE CYTHÈRE.

CHANT DEUXIÈME.

LE CHAR.

Le frais du soir calmait l'ardeur du jour;
L'azur du ciel et ses vapeurs humides
De la nuit sombre annonçaient le retour,
Lorsque le char dont Vénus tient les guides
De l'air serein fend les plaines liquides.
Mille zéphyrs voltigeaient alentour;
Dans les cheveux de la mère d'amour
Ils se jouaient, et d'une aile folâtre
Les étalaient sur deux globes d'albâtre,
Dont les sommets, à la rose pareils,
Du doux baiser sont les trônes vermeils.

Ce corps charmant, que le grand Praxitèle
Dans sa Vénus a si bien modelé,
Et que Pâris avait vu dévoilé
Lorsqu'il donna la pomme à la plus belle,
Ce corps pressait sous le plus doux satin
Les muscles bruns du faune libertin.

En souriant, sa divine conquête
Se renversait, penchait vers lui sa tête,
Et l'animait du geste et du regard.
De ses deux bras le mouvement cynique
Excite en lui cette ardeur sympathique
Qui du plaisir électrise le dard.

Mais comment peindre, en ce moment critique,
Du dieu lascif les désirs partagés?
Là deux autels, à l'amour érigés,
S'offrent à lui sous un même portique.
A l'un, à l'autre il adresse des vœux,
Mais il ne peut les encenser tous deux :
Le culte est double, et l'offrande est unique.

« O sort, dit-il, trop avare pour moi,
« Et pour Vénus prodigue de merveilles!
« Tu m'as donné deux yeux et deux oreilles,
« Et, pour jouir des trésors que je voi,
« Je n'ai qu'un cœur, je n'ai qu'un... quel dommage
« De ne pouvoir partager mon hommage!
« O mes rivaux, dieux du ciel, dieux jaloux,
« Ce don sans doute est réservé pour vous. »

Dans le dépit, son aveugle tendresse
Livre au hasard ses vœux irrésolus.
« Tranchons, dit-il, des délais superflus:
« Tout est Vénus dans ma belle maîtresse. »
Le faune allait commettre un gros péché,
Si de Vénus la tendre inquiétude
N'eût à ses coups présenté l'attitude
De son beau corps sur les rênes penché.
Ce mouvement fut-il fait sans étude?
Fut-il le fruit d'une heureuse habitude?
Ou bien Vénus le fit-elle à dessein?
Quoi qu'il en soit, la beauté ménagée

En Adonis ne se voit point changée.
Très-décemment elle reçoit soudain
Le trait de feu que le faune lui lance,
Et du combat la douce violence
Lui fait tomber les rênes de la main.
Lors, s'appuyant sur le trait qui la perce,
Sur son amant sa tête se renverse;
Elle le baise, elle brûle et languit;
Mais se livrant au feu qui la domine,
Son corps céleste à l'instant se roidit;
Et dans les airs bientôt se répandit
Le doux parfum d'une vapeur divine;
Tout s'embellit, et la terre et les cieux,
Tout y respire une volupté pure,
Et de l'amour le baume précieux
Donne la vie à toute la nature :
Et que faisaient, dans ces moments heureux,
Nos deux coursiers, nos pigeons amoureux?
Dès qu'ils avaient senti flotter les guides,
Fixant l'essor de leurs ailes rapides,
Et se tournant, ils avaient vu Cypris,

Lever au ciel ses beaux yeux attendris :
« Ne vois-tu pas ce que fait la déesse?
« Ne vois-tu pas comme un dieu la caresse? »
Dit la colombe, et le pigeon l'entend.
Sur son cou blanc sa tête se balance ;
De la colombe il s'approche, il s'élance,
Et de son aile il l'ombrage à l'instant.
Vénus alors, plus douce et moins brillante,
Dans la langueur qui succède aux plaisirs,
Du faune heureux recueillait les soupirs,
Et l'embrassait d'une main défaillante.
« Baisse les yeux, dit-elle, et de nos feux,
« Vois sur les cœurs l'influence féconde,
« J'aime, avec moi tout aime dans le monde ;
« De mon bonheur tous les cœurs sont heureux.
« Vois les taureaux qu'enflamment les génisses
« Fendre les flots, franchir les précipices ;
« Et le bélier, sur les fleurs bondissant,
« Du pâturage oublier les délices ;
« Et le coursier superbe et caressant,
« De sa vigueur me donner les prémices ;

« Et les lions s'unir en rugissant.
« Tout doit la vie à mes flammes propices ;
« A la donner tout aspire en naissant.
« Les éléments peuplés sous mes auspices ;
« La mer profonde, et la terre, et les airs
« Sont mes autels ; mon temple est l'univers,
« Et le plaisir préside aux sacrifices. »
Ainsi Vénus parlait à son amant ;
Là volupté, qui demande une pause,
Veut qu'on s'amuse à parler un moment.
On cause, on aime, et l'on aime, et l'on cause,
Et c'est à quoi l'esprit sert en aimant.

Mais tout-à-coup le plus noir des orages
Vers l'horizon rassemble les nuages.
La Jalousie a soufflé dans les cieux
Le noir poison qui désole la terre.
A nos amants le ciel livre la guerre.
Mais on va voir le faune audacieux,
Tête levée, affronter le tonnerre.

LA NEUVAINE
DE CYTHÈRE.

CHANT TROISIÈME.

SOMMAIRE

DU TROISIÈME CHANT.

La Jalousie va se plaindre aux dieux de la conduite de Vénus; tous ceux qu'elle a dédaignés, furieux de voir qu'elle préfère un faune, se plaignent à Jupiter. Mars se rend aux antres de Lemnos, saisit le tonnerre et le lance au char des amants; mais Jupiter arrive, rend le calme au ciel, et les amants dirigent leur course vers Cythère.

LA NEUVAINE DE CYTHÈRE.

CHANT TROISIÈME.

L'ORAGE.

Les dieux, depuis la guerre des géants,
Vivaient au ciel en heureux fainéants.
Laissant aller le monde à l'aventure,
Ils s'amusaient des jeux de la nature.
Amants aimés sans craindre de rivaux,
Sans aspirer à des plaisirs nouveaux,
Ils jouissaient, comme a dit Épicure.
Mais un bonheur si tranquille et si doux
Allait bientôt émousser tous les goûts,
Si par un sel qu'on nomme fantaisie,

Sel dont l'amour fut l'heureux inventeur,
Et qu'il mêla dans un peu d'ambroisie,
Ce dieu charmant n'eût rendu la vigueur
A des plaisirs qui tombaient en langueur.
Le goût léger de la galanterie
Des immortels occupa tous les soins.
Au goût piquant de la coquetterie
Les déités n'en donnèrent pas moins.
Des deux côtés on vit des infidèles;
Des deux côtés on se fit des noirceurs.
On soupira pour de jeunes mortelles;
On s'attendrit pour de jeunes chasseurs.
L'Amour se mit un bandeau, prit des ailes,
Et, plus volage, il eut plus de douceurs.
Heureux enfant, si de son premier âge
Il eût gardé l'innocent badinage!
Mais peu content de ces liens de fleurs
Qu'en se jouant il avait l'art de faire,
Régnons, dit-il, et laissons à mes sœurs
Les petits soins de séduire et de plaire :
Trop d'indulgence avilit mes faveurs.

N'ai-je donc pas le droit d'être sévère?
Je suis l'Amour, et, malgré mes rigueurs,
On doit trouver ma chaîne encor légère.

Fier de sa force et de ses traits vainqueurs,
Il fut mutin, capricieux, colère,
Se fit un jeu de causer des malheurs,
S'environna de trouble et de douleurs;
Et même on dit que des yeux de sa mère
Plus d'une fois il fit couler des pleurs.
Enfin la triste et sombre Jalousie
Vint à sa suite, et par lui fut choisie
Pour tourmenter les plus sensibles cœurs.

C'est ce démon des vieillards somnambules,
C'est ce tyran de leurs jeunes moitiés,
C'est lui qui change en fureurs ridicules
Du tendre hymen les chastes amitiés.
Il prit son vol vers la voûte azurée,
Et des plaisirs que goûtait Cythérée
A se venger il excita les dieux.

« Voyez, dit-il, comme elle est enivrée,
« Voyez l'ardeur qui brille dans ses yeux.
« Quoi! sur un char vous insulter en face!
« Entre la terre et le ciel se placer!
« Aux yeux du monde, à vos yeux s'embrasser!
« Qu'attendez-vous pour punir tant d'audace?
« Tout dieu qu'il est, ce faune pétulant,
« Ne peut-on pas retrancher de sa vie
« Ce qui pour vous la rend digne d'envie?
« Ne peut-on pas lui ravir ce talent,
« Ce don si beau qui le rend insolent?
« Qu'un coup de foudre à l'instant le mutile;
« Et l'on verra si la belle Cypris
« Garde long-temps un amant inutile. »

Cette harangue enflamma les esprits.
Parmi les dieux un bruit confus s'élève :
Chacun se plaint que Vénus ici-bas
Aime un peu trop, prodigue ses appas,
Se fait surprendre, et permet qu'on l'enlève.
Le blond Phébus, qu'elle avait dédaigné,

De ses mépris est encore indigné.
« Eh quoi! dit-il, un faune avec sa flûte
« Est pour Vénus l'objet le plus touchant;
« Et moi, le dieu de la lyre et du chant,
« Sans m'écouter l'ingrate me rebute!
« Un bel-esprit, m'a-t-elle dit cent fois,
« Ne brille pas dans l'amoureuse lutte :
« Je chante bien, mais je n'ai que la voix;
« A ses bons-mots je suis las d'être en butte.
« Consolons-nous, du moins, en nous vengeant.
« Allons tout dire au roi des dieux, son père. »
« A Jupiter? reprit Mars en colère;
« Qu'attendez-vous de ce père indulgent?
« Non, c'est Vulcain, c'est lui qu'il faut résoudre
« A nous ouvrir l'arsenal de la foudre. »

Le dieu terrible, en achevant ces mots,
Part, vole, arrive aux antres de Lemnos.
Vulcain, armé de ses lourdes tenailles,
Sous les marteaux du cyclope brûlant,
Roulait alors le fer étincelant,

D'où jaillissaient de brillantes écailles.
« Forge, Vulcain, dit le dieu des batailles,
« Pour les Amours forge des traits nouveaux;
« Ils serviront à blesser tes rivaux.
« Pour ces enfants tandis que tu travailles,
« Vénus se livre à de plus doux travaux.
« — Bon, dit Vulcain, Vénus est à Cythère,
« Et m'a promis de garder son boudoir
« Jusqu'au moment où j'irai la revoir.
« — Elle te trompe, et même sans mystère,
« Répondit Mars; sur son char, dans les airs,
« Avec un faune, aux yeux de l'univers...!
« — Oui, je le crois : c'est là son caractère,
« Reprit Vulcain; mais, hélas! que veux-tu?
« Quand je surpris votre amour adultère,
« Pour m'être plaint, je fus encor battu.
« Et puis, crois-moi, la triste inquiétude
« D'être trompé ne m'eût guéri de rien.
« Je m'en suis fait une douce habitude.
« Vénus sans moi s'amuse, elle fait bien.
« Vers le plaisir son naturel la pousse :

« Au naturel irai-je mettre un frein?
« Quand elle est sage, elle en a du chagrin.
« J'aime bien mieux qu'elle soit folle et douce.
« J'aime à lui voir un visage serein.
« —Indigne époux, dit le dieu de la Thrace,
« Tu ne sens pas l'affront que tu reçoi!
« Que ton épouse aime un dieu comme moi,
« La plainte alors est de mauvaise grace;
« Mais pour un faune.... ah! rougis d'y penser,
« Et donne-moi des foudres à lancer.
« —Très-volontiers, dit l'époux pacifique;
« Venge-moi bien, mais ne me cite pas.
« Que ma moitié soit plus ou moins pudique,
« Je ne veux plus entrer dans ces débats. »

Mars cependant s'est armé du tonnerre.
Il part, menace, et fait trembler la terre.
En l'attendant, Éole a déchaîné
Des vents fougueux le peuple mutiné.
Dans les rochers les aquilons frémissent;
Sous leurs efforts les vieux chênes gémissent;

Du fond des mers les flots sont soulevés ;
Et des hameaux les toits sont enlevés.
L'ardent Notus, l'impétueux Borée,
Pressent les flancs d'un gros nuage noir ;
Dans la campagne on crie : Il va pleuvoir.
De ses brebis la bergère éplorée
Presse les pas, et, par un tourbillon,
Laisse en fuyant trousser son cotillon.
Dans le chaos de cette nuit profonde,
La foudre brille, et le tonnerre gronde ;
Mars le lançait, et son bras vigoureux
Visait au char de nos amants heureux.

Sans s'étonner Vénus voit cet orage.
« Des dieux jaloux nous excitons la rage,
« Dit-elle ; eh bien ! pour les humilier,
« Je vais moi-même aux coups de la tempête
« Me présenter, en garantir ta tête,
« Et de mon sein te faire un bouclier. »

Au cou du faune à l'instant élancée,

En s'élevant, elle s'attache à lui
Comme la vigne à l'ormeau, son appui.
Le jeune dieu qui la tient enlacée,
Ferme et campé sur un jarret tendu,
Sourd au fracas dont gémit l'atmosphère,
N'oppose aux dieux que le poids tutélaire
D'un corps vermeil sur ses mains suspendu :
Et, comme lui, qui n'eût bravé l'Olympe ?

En se jouant, quelquefois vous voyez
Sur un tilleul la bergère qui grimpe ;
Ses deux bras nus, et ses genoux ployés,
Son pied mignon, ses deux jambes légères
Pressent l'écorce, et, par des nœuds étroits,
De son corps souple ils suspendent le poids :
Vénus a pris les leçons des bergères.

Pour exprimer le nectar de l'amour,
En se croisant, ses deux jambes d'albâtre
Pressent les reins du dieu qu'elle idolâtre
Sous la rondeur d'un genou fait au tour.

Il lui répond : leurs ames éperdues
Dans leurs baisers sont déja confondues :
Baisers brûlants, où l'on entend frémir
Ce mot sacré qu'un charme involontaire
Fait prononcer dans l'amoureux mystère,
Quand la pudeur rend le dernier soupir.
Mars indigné jure et lance la foudre.
Autour du char mille brillants éclairs
A longs replis se croisent dans les airs;
Le ciel s'ébranle, et paraît se dissoudre,
Quand Jupiter, qui voit l'Olympe en feu,
Quitte Junon, se rend à l'assemblée :
« Qui de vous tonne ici sans mon aveu? »
Dit-il. Sa cour, interdite et troublée,
Baisse les yeux, et le terrible aspect
De Jupiter les glace de respect.
Mars cependant, moins timide qu'un autre,
Prit la parole, et répondit : « C'est moi,
« Qui veux venger ton honneur et le nôtre :
« Vois si j'ai tort d'avoir tonné sans toi ;
« Vois, Jupiter, ta fille bien-aimée

DE CYTHÈRE.

« Au cou d'un faune éperdue et pâmée.
« J'aime Vénus; j'ai voulu foudroyer
« L'heureux rival dont elle est trop charmée.
« Mais dans ses bras rien ne peut l'effrayer.
« — Et quel empire avez-vous sur ma fille?
« Dit Jupiter; je veux, dans ma famille,
« Qu'en liberté chacun aime à son choix.
« Faune ou mortel, dieu du ciel, dieu des bois,
« Tout m'est égal. Un amant qu'on écoute,
« S'il est heureux, l'a mérité sans doute.
« C'est à Vénus à juger de vos droits.
« Je suis bon père, et je veux qu'elle goûte
« Tous les plaisirs, s'il se peut, à-la-fois. »
Parlant ainsi, Jupiter d'un sourire
A l'univers rend la sérénité.
Vénus revient de son tendre délire,
Ouvre les yeux, voit le faune enchanté,
Le baise encor, lui sourit et soupire,
Et dans les airs, sur l'aile de Zéphyre,
Le char reprend son vol précipité.

LA NEUVAINE
DE CYTHÈRE.

CHANT QUATRIÈME.

SOMMAIRE

DU QUATRIÈME CHANT.

Les amants arrivent à Cythère: tous les Amours viennent au-devant de Vénus; les Graces les suivent, et conduisent leur mère à son palais; description du jardin; Vénus descend au bain; le faune l'accompagne, et les Graces s'éloignent.

LA NEUVAINE
DE CYTHÈRE.

CHANT QUATRIÈME.

LE BAIN.

On vous a peint les jardins de Cythère,
Et ces vallons où, d'un cours inégal,
Roule et serpente un liquide crystal;
Et ces bosquets, asyles du mystère,
Et ces gazons par Zéphyre émaillés,
Et ces oiseaux par l'Amour éveillés,
Dont les concerts sont un hymne à sa mère.
C'est sur ces bords, le domaine enchanté
De la Jeunesse et de la Volupté;
Lieux où du sein de la belle nature

Tout naît sans art, tout fleurit sans culture;
C'est là, Vénus, que ton char s'abaissa,
Et le Plaisir aux Amours t'annonça.
L'heureux sylvain de Vénus suit les traces,
Mais revêtu d'un nuage léger :
Il eût d'abord effarouché les Graces :
C'est leur pudeur que l'on veut ménager.
Quant aux Amours, leur cohorte gentille
S'agite et vole au-devant de ses pas;
Ils ont bien tous certain air de famille,
Tous cependant ne se ressemblent pas.
L'un est malin, l'autre est naïf et tendre;
Tel est craintif, tel autre pétulant;
Quelques-uns même ont un air insolent.
Déja Vénus ne sait auquel entendre.
A son écharpe on voit l'un se suspendre;
L'autre s'élance, et la baise en volant.
D'un pas léger, mais décent et modeste,
Viennent bientôt les trois sœurs de l'Amour,
Toutes les trois plus belles que le jour.
L'une est Thalie, à l'œil vif, au corps leste,

Un air folâtre, un sourire attrayant
Séduit les cœurs qu'elle agace en fuyant.
Tous les contours d'une taille céleste
Sont dessinés sous son voile ondoyant.
Et ce qu'on voit fait l'éloge du reste.

Pour Aglaé, c'est la timidité,
La candeur même, et l'ingénuité.
Les nouveaux dons que les ans font éclore
Sont une énigme à ses yeux innocents.
Elle rougit de ses charmes naissants,
Et sa rougeur les embellit encore.
Vous la voyez, de son doigt enfantin,
Vouloir fixer sous les plis de la gaze
Ce sein charmant arrondi sur sa base,
Qui, plus captif, n'en est que plus mutin.
Vous la voyez, avec même scrupule,
Gardant toujours ce joli monticule,
Où la pudeur, retirée en secret,
D'un lit de rose a bordé sa cellule,
Le dérober au regard indiscret.

Mais, au moment qu'elle plie un corps souple,
Pour avoir l'œil sur ces globes polis,
Dont la blancheur ternit celle des lys,
Et dont l'amour symétrisa le couple;
De leurs liens les globes détachés
Donnent l'essor à leurs charmes cachés;
Et ce rubis, qui colorait la toile,
S'élance et brille, affranchi de son voile.
Consolez-vous, chaste nymphe, on n'a pas
Assez de mains pour cacher tant d'appas.

Mais des trois sœurs la touchante Euphrosine
Est la plus belle; un œil, dont la langueur
Semble avouer le besoin de son cœur,
Brille enflammé du feu qui la domine.
Ce feu colore une bouche divine;
Et pour l'éteindre, au moins pour l'appaiser,
Sa lèvre appelle, invite le baiser.
Telle une fleur, au soleil exposée,
Ouvre un calice altéré de rosée.
Souvent ses doigts badinent sans dessein

Sur le bouton qui couronne son sein.
Et quelquefois, soulevant sa ceinture,
Sa main s'égare au gré de la nature.
Alors on voit tout son corps tressaillir,
Et de ses yeux mille flammes jaillir.
Ah! gardez-vous de faner cette rose,
Nymphe charmante, à peine est-elle éclose.
Laissez aux dieux le soin de la cueillir.
Que n'osent-ils? le triomphe est facile :
Son innocence est un roseau débile
Prêt à céder au souffle du désir;
Et sa pudeur, victime humble et docile,
Pour l'immoler, n'attend que le plaisir.

En traversant les riantes campagnes,
Vénus demande aux nymphes, ses compagnes.
Si les Amours ont bien dit leurs leçons,
S'ils ont été bien sages, bien dociles :
« Ah! point du tout; les petits polissons
« A gouverner ne sont plus si faciles.
« —Et leur aîné, dit Vénus, et l'Amour

« Est-il ici? me sait-il de retour?
« — Il est ici; mais je crois qu'il sommeille,
« Dit Euphrosine; il était excédé.
« Enfin Diane à ses lois a cédé.
« Pour ses beaux yeux voilà trois nuits qu'il veille.
« Endymion lui-même était si las,
« Qu'Amour avait pitié de sa jeunesse;
« Encor la chaste et sévère déesse,
« En soupirant, disait-elle tout bas
« Que, quand on aime, il faut aimer sans cesse.
« — Elle a raison, dit le faune, et voilà
« De vos plaisirs le divin caractère :
« A-t-on goûté de l'amoureux mystère?
« On ne veut plus jouer qu'à ce jeu-là. »
Vénus sourit, et lui dit de se taire.
Mais tout-à-coup de son palais charmant
Le faîte brille aux yeux de son amant.

Sur un côteau, d'où la fille des ondes
Contemple au loin son élément natal,
Tantôt paisible, uni comme un crystal,

Tantôt roulant ses vagues furibondes,
Ce beau palais s'élève dans les airs.
Dômes de fleurs tous les matins écloses;
Murs de jasmin, péristyles de roses;
Lilas courbés en berceaux toujours verts;
Lits de gazon parsemés d'amaranthes;
Brillants ruisseaux, dont les eaux jaillissantes
Forment dans l'air ces rideaux argentés
Que l'art depuis a si bien imités:
Tel est ce temple. Une onde diaphane,
Qu'en soupirant effleure le zéphyr,
Fait un miroir d'un bassin de saphir.
Vénus y vient. Loin d'ici tout profane.
De mille Amours l'essaim tumultueux
A détourné ses pas respectueux;
Il n'est resté que les Graces fidèles,
Et son amant, invisible pour elles.
Son voile tombe, et déja ses attraits
Vont se plonger dans les flots d'un bain frais,
Bain composé des larmes de l'Aurore,
Et parfumé de l'haleine de Flore.

Le faune agile avec elle y descend;
Le frais du bain ralentit son audace;
Mais à Vénus à peine il s'entrelace,
Qu'il s'applaudit d'un orgueil renaissant....
Quoi! dans le bain!... mettez-vous à sa place,
Vous brûlerez, fussiez-vous dans la glace.
De cette bouche admirez la fraîcheur;
Sur le corail, qu'en riant elle étale,
Voyez briller la perle orientale.
De ce beau sein contemplez la blancheur,
Et de ces bras la liante souplesse,
Et de ces chairs l'élastique mollesse;
Du sein du faune habile à s'échapper,
Voyez Vénus prendre un élan rapide;
Voyez ses mains fendre l'onde limpide;
Ses deux talons, en nageant, se frapper;
Ses deux genoux se ployer et s'étendre,
Son corps flexible à fleur d'eau se suspendre,
Changer de face, et se développer.
Mon jeune faune est novice à la nage,
Mais l'eau, le feu, rien n'arrête à son âge.

DE CYTHÈRE. 43

En déployant ses bras souples et nus,
Il croit voguer sur le dos de Vénus.
Dans le sillon que sa coupe lui trace,
Il la poursuit, et soudain la remplace.
A chaque instant il effleure le bord,
A chaque instant il croit toucher au port.
Mais, au moyen d'une volte subite,
Pour l'animer la déesse l'évite,
Par cent détours l'attire en l'agaçant,
Plonge, s'échappe, et le baise en passant.
On a beau fuir, on sait qu'il faut se rendre.
Et, sans cela, qui voudrait se défendre?
Au doux penchant, qu'elle feint d'éluder,
Vénus a donc le plaisir de céder.
Un sable d'or est leur couche nouvelle,
Le doux refus, aiguillon du désir,
Rendait Vénus plus touchante et plus belle
Aux yeux du faune ardent à la saisir.
Il la soumet, dans ses bras il l'enchaîne :
« Frappe, dit-elle, et va jusqu'à mon cœur;
« Je sens, je sens que l'extase est prochaine. »

Vénus s'agite aux bras de son vainqueur,
Roule un œil tendre, et puis tombe en langueur.
Du dard léger d'une langue de rose,
Aiguillonnant sa bouche à demi-close,
Il la ranime, et se pâme à son tour.
Trois fois Vénus se débat et succombe;
Trois fois le dieu se relève et retombe.
L'eau du bain fume, et bouillonne alentour.
Les chastes sœurs qui, du haut du rivage,
Voyaient ces jeux, ne les concevaient pas:
Qu'a donc Vénus, disaient-elles tout bas,
Elle s'agite! est-ce avec son image?
Aglaé dit. « Mes sœurs, éloignons-nous:
« Quelque mystère est caché là-dessous. »

LA NEUVAINE
DE CYTHÈRE.

CHANT CINQUIÈME.

SOMMAIRE

DU CINQUIÈME CHANT.

Vénus remet sa ceinture et engage le faune à aller voir l'Amour, elle lui fait admirer son fils endormi, et lui raconte qu'elle a été consulter le Destin sur l'ennui qu'elle éprouvait, et qu'il lui a annoncé que tous ses chagrins finiraient aussitôt qu'elle aurait conçu l'Amour; Vénus transportée s'incline pour embrasser son fils; mais le faune fait du bruit, l'Amour se réveille, et ils vont souper tous les trois.

LA NEUVAINE
DE CYTHÈRE.

CHANT CINQUIÈME.

LE RÉVEIL DE L'AMOUR.

Au mois de mai, vous avez vu l'aurore
Se dégager des vapeurs du matin;
Telle et plus fraîche, et plus riante encore,
Parut Vénus au sortir de son bain.

L'instant d'après, ayant mis sa ceinture :
« Allons, dit-elle, allons dans le sommeil
« Voir cet Amour, ce roi de la nature,
« Allons cueillir le baiser du réveil. »

Près d'un ruisseau, dont l'eau brillante et pure,
En sautillant, roule entre les cailloux,
Tombe et s'enfuit, arrosant la verdure,
Est un sopha du gazon le plus doux.
De l'aubépine et du myrte flexible
Les rameaux verts, déployés alentour,
Forment en cintre une alcove paisible.
C'est sous ce dais que reposait l'Amour.
Vénus approche, et des plis de la gaze
Le froissement suffit pour l'éveiller ;
Mais par malice il feint de sommeiller.
Près de ce dieu Vénus est en extase :
« Vois qu'il est beau, disait-elle au sylvain ;
« Vois cette bouche et ce souris divin.
« Es-tu surpris que l'univers l'encense ?
« Chaque mortel le connaît à son tour,
« Il fait lui seul ma gloire et ma puissance.
« Et que serait la beauté sans l'Amour ?
« En vain les dieux et du ciel et de l'onde
« Me proclamaient souveraine du monde ;
« Un froid hommage, un culte passager

« Fut tout l'honneur qu'on rendit à mes charmes;
« Et du plaisir inconstant et léger
« Les faibles traits étaient mes seules armes.
« Moi-même enfin, lasse de ma beauté,
« De m'amuser me faisant une étude,
« J'avais l'Ennui sans cesse à mon côté;
« Et le moment qui suit la nouveauté
« N'était pour moi qu'une triste habitude.
« Je résolus, dans mon inquiétude,
« De consulter l'immuable Destin;
« Dans son palais je me rends un matin.
« J'étais tremblante, et je fus rassurée.
« Le dieu terrible, au nom de Cythérée,
« Se radoucit; lui-même il m'aborda;
« En s'inclinant, son front se dérida.
« — Que voulez-vous de moi, jeune immortelle?
« Faut-il casser quelqu'un de mes décrets?
« Vous révéler quelqu'un de mes secrets?
« Vous pouvez tout : vous êtes jeune et belle.
« Il dit ces mots de ce ton suppliant
« Qui dans mon juge annonçait un client.

« Sa voix, son air majestueux et tendre,
« Touchent mon cœur étonné de l'entendre.
« De la vieillesse il n'a point la langueur;
« Tout en lui marque une mâle vigueur.
« Je le salue, et je lui dis : Mon père,
« L'Ennui m'obsède, et je me désespère
« D'attendre en vain, même au sein des plaisirs,
« Je ne sais quoi qui manque à mes desirs.
« Je veux quitter le ciel, si cela dure.
« Daignez jeter un coup-d'œil sur mes mains,
« Et m'éclaircir de ma bonne aventure.
« — Charme des dieux, délices des humains,
« Non, me dit-il avec un doux sourire;
« C'est dans tes yeux que le Destin veut lire,
« Et dans les siens toi-même tu liras.
« Lors je me sens enlever dans ses bras
« Jusqu'à ce trône entouré de nuages,
« Où sa puissance enchaîne tous les âges.
« Là sont le Temps, la Fortune, la Mort,
« Tyrans du monde, et ministres du Sort;
« J'y vois la Gloire, éclatante chimère,

« La folle Joie, et la Douleur amère,
« Et le Hasard, un cornet dans les mains,
« Jouant aux dés les succès des humains.
« Tout ce cortége, en un profond silence,
« De son monarque adore la présence,
« Et du Destin le trône impérial
« Pour moi se change en un lit nuptial.
« Il y prend place, et moi-même il m'attire
« Sur ses genoux qui séparent les miens.
« Novice encor, je rougis, mais j'admire.
« Bientôt je sens que ma pudeur expire.
« Bientôt mes bras s'enlacent dans les siens.
« — Viens, me dit-il, que ma bonté féconde
« Dépose en toi le souverain du monde.
« Voilà mon sceptre, et mes droits sont les tiens.
« De ce langage auguste et prophétique
« J'entendais mal le sens énigmatique.
« La vérité tout-à-coup se fit jour.
« Dieux! quel plaisir de concevoir l'amour!
« Que vois-je alors dans les yeux de son père?
« Dans l'avenir quel prodige s'opère!

« C'est un enfant qui maîtrise les dieux;
« Tous pour le suivre abandonnent les cieux.
« Est-ce un vain songe, ou suis-je dans l'ivresse,
« Dis-je au Destin? qu'est-ce donc que je vois?
« Tu vois, dit-il, l'Amour et ses exploits.
« O ma Vénus! rends grace à ma tendresse.
« Tu seras mère, et cet enfant si beau
« Sera ton fils. Formé de mon essence,
« Je l'ai rempli de ma toute-puissance,
« Et de mon sceptre il fera son flambeau.
« Il dit, se lève, et bientôt me renvoie
« Pleine de gloire et d'amour et de joie.
« Dans peu ma taille, épaissie en rondeur,
« De nos Vesta fit rougir la pudeur.
« Propos malins voltigeaient à l'oreille.
« Elle a failli, notre jeune merveille;
« C'est bien dommage! Et quel est l'imprudent?
« Est-ce le dieu du Thyrse ou du Trident?
« Mars ou Mercure, ou le fils de Latone?
« On peut choisir, car Vénus est si bonne!
« J'entendais tout, non sans quelque rougeur;

« Mais je sentais remuer mon vengeur.
« Le terme approche ; Amour voit la lumière :
« On vient en foule admirer cet enfant ;
« De ses attraits, que je sens la première,
« Nul ne se doute, et nul ne s'en défend.
« Lors du Destin s'accomplit la promesse ;
« Les cœurs émus semblent s'épanouir,
« Et dans le ciel il n'est dieu ni déesse
« Qui n'aime à plaire, et n'aspire à jouir ;
« Dans l'univers il se répand une ame.
« Tout languissait ; tout s'agite et s'enflamme ;
« De la pudeur le voile est déchiré,
« Et par un sexe un sexe est attiré.
« L'oiseau dans l'air, le reptile sous l'herbe,
« L'humble pasteur, le monarque superbe,
« Tout s'abandonne au penchant amoureux.
« L'Amour est né : l'univers est heureux.
« Qu'il méritait d'en être les délices,
« Ce dieu si doux, même dans ses malices !
« Est-ce bien moi qui t'ai donné le jour,
« Ame du monde, ô tout-puissant Amour ! »

Dans ses transports la déesse s'incline
Pour le baiser, et sa taille divine
Ressemble au jonc que le vent fait ployer.
Sur les deux mains je la vois s'appuyer ;
Je vois fleurir le gazon qu'elle touche ;
Mais de l'Amour qu'elle craint d'éveiller
Sa lèvre à peine ose effleurer la bouche.
Comme Vénus est penchée en avant,
Et que son dos se courbe en s'élevant,
Le beau sylvain, qui toujours est alerte,
Voit du plaisir que la lice est ouverte ;
Il prend sa course, et va droit à son but.
L'Amour, surpris de ce brillant début :
« Fort bien, dit-il ; j'aime assez que l'on ose
« Être insolent quand on l'est comme toi ;
« Et, si tu veux t'engager sous ma loi,
« De tes talents je ferai quelque chose. »

Vénus alors, ranimant ses attraits,
S'écrie : « Allons, allons souper au frais ;
« Fût-on sylvain, il faut qu'on se repose. »

C'est la grenade, et la pêche, et l'orange,
Et du cédrat l'acide parfumé,
Et du melon l'élixir exprimé,
Et la cerise en liqueur transparente,
Et la framboise, et la fraise odorante,
Et tous les sucs dont la fille du ciel,
L'active abeille, assaisonne son miel.

Pour le nectar, c'est la plus pure essence
Des vins d'Aï, de Tokai, de Constance.
Le bon Silène en tria le raisin,
La jeune Hébé l'exprima de sa main.
« Çà, dit l'Amour, que le nectar abonde!
« Graces, versez à la reine du monde;
« Versez au dieu qu'elle admet à sa cour. »
Le faune alors sans nuage se montre :
A cette vue on s'écrie alentour :
Ah! le beau couple! ah! l'heureuse rencontre!
Les chastes sœurs se disaient tour-à-tour :
Comme il est fier! comme il est fait au tour!
Sans s'émouvoir, le faune prend sa coupe,

Boit aux plaisirs de l'immortelle troupe,
Lorgne Vénus, et trinque avec l'Amour.
Vénus rougit, et n'en est que plus belle.
« Oui, je le veux, il faut bien recevoir
« Ce jeune dieu; c'est un ami, dit-elle,
« Que je me fais : on n'en peut trop avoir. »

Le nectar coule, et le faune s'enivre.
Vénus s'anime, et bientôt s'attendrit.
L'enfant malin l'agace, et lui sourit.
« Voilà, dit-il, ce que j'appelle vivre.
« Au ciel, à table, on s'ennuie à loisir.
« Gêné sans cesse, on s'écoute, on s'observe.
« Junon la prude et la sage Minerve
« Prennent l'alarme au seul nom du plaisir ;
« Mars a toujours des combats dans la tête ;
« Apollon rêve, et fait des vers nouveaux ;
« Neptune a l'air d'une sombre tempête ;
« Hercule boit ou conte ses travaux ;
« Vulcain, qui boude au milieu d'une fête,
« Dans tous les dieux voit autant de rivaux ;

« Hors de chez lui Jupiter est aimable,
« Mais, dans sa cour, sa majesté l'accable.
« Pour s'amuser, il faut de sa grandeur
« Savoir descendre, oublier l'étiquette,
« Et la décence, et même la pudeur :
« Tout cela nuit, tout cela m'inquiète.
« Qu'en pensez-vous, beau-père?—Dans nos bois,
« Dit le sylvain, nos désirs sont nos lois.
« Qu'une dryade indocile et farouche
« Ose s'en plaindre, à l'instant sur sa bouche
« Mille baisers vous lui coupent la voix.
« —Fort bien. Voilà les mœurs du premier âge.
« Comme on aimait dans ce siècle sauvage!
« Dieux et mortels, tout était confondu.
« En s'éclairant, le monde s'est perdu.
« Nymphes, allons, tandis que je vais boire,
« Rappelez-moi les beaux jours de ma gloire. »
Il dit : déja les lyres sont d'accord.
L'air retentit de leur brillant prélude,
Et des échos de ce paisible bord
Leurs sons divins charment la solitude.

Aglaé chante, et peint l'amour enfant,
Lorsque des cieux il revint triomphant,
Après son char traînant la cour céleste.
Dans un cantique, en langage modeste,
Elle exprimait les feux de Danaé,
Ceux d'Antiope et de Pasiphaé;
Comment Europe au taureau fut docile;
Quelle attitude avait prise Léda,
Dans le moment qu'au cygne elle céda,
Pour lui donner un accès plus facile.
Dans le récit, par le chant animé,
Chacun croit voir Jupiter emplumé
Flattant d'une aile agile et caressante
Le bout vermeil d'une gorge naissante;
On lui voit tendre un bec voluptueux,
Et de son cou flexible et tortueux,
On voit s'enfler la plume frémissante.

A ce tableau, si décemment gazé,
Le faune ému se sentit embrasé.
« Vous m'enchantez, nymphe; vous êtes digne

DE CYTHÈRE.

« D'avoir, dit-il, tous les dieux pour amants.
« Soyez Léda, je serai votre cygne,
« Et que je sois mutilé si je mens!
« — Ah! dit Vénus, laissez là vos serments,
« Ils font trembler. — Çà, que la plus ingambe
« Des chastes sœurs, dit l'enfant de Cypris,
« Pour achever d'enivrer nos esprits,
« Nous chante et danse un joyeux dithyrambe.
« J'aime celui qu'Ariane, en buvant
« Avec Bacchus, répétait si souvent. »

L'air fut chanté par l'aimable Thalie.
Jeune Guimard, elle avait ton minois,
Et l'on crut voir Ariane embellie.
Pour animer et ses pas et sa voix,
Le tambourin, qu'inventa la Folie,
En voltigeant frémissait sous ses doigts.

 Viens, Bacchus, viens, je te livre
 Et ma raison et mon cœur.
 Verse-moi de ta liqueur.
 Que dans tes bras je m'enivre.
 Je veux mourir et revivre

Dans les bras de mon vainqueur.
Oui, dieu charmant, je t'adore;
Verse-moi, je brûle encore,
Verse-moi de ta liqueur.
D'amour, de vin je m'enivre,
  Je me livre
  A mon vainqueur.

Qu'il est fier de son empire,
 Ce jeune insolent,
 Ce dieu pétulant!
 Il a d'un satyre
 L'œil étincelant :
 Le dieu de la lyre,
 Le blond Délien,
 Le Castalien
 A-t-il ce délire.
 Il chante au milieu
 De ses neuf pucelles :
 Plus heureuses celles
 Que mon jeune dieu
 Promène en tout lieu,
 Bacchantes nouvelles,
 La tête à l'envers,
 Sur des pampres verts,
 Il fait avec elles
 Bien mieux que des vers!

Insipide
Aganippide,
Je ne bois point de tes eaux.
Le bel ambre
De septembre
Ne croit point sur tes roseaux.
Sous la treille,
Je sommeille
Ivre encor de mes plaisirs.
Plus vermeille,
Je m'éveille
Brûlant de nouveaux desirs.

Est-il de Ménade
Plus folle que moi?
Verse encor rasade,
Plus j'aime et je boi,
Plus ma soif augmente.
Bacchus, ton amante
Est digne de toi.
Recommence,
Embrase-moi;
Tu me voi
Dans la démence.
Buvons, aimons,
Consumons
Ce qui me reste de vie.

Tu le rends digne d'envie
Ce trépas délicieux.
J'y touche.... à mes yeux
La clarté ravie....
Je suis dans les cieux ;
Mais tu m'as suivie,
Et je te vois assis à la table des dieux.

Comme Thalie, au milieu de sa danse,
Pressait le nombre, et rompait la cadence,
Voilà ses sœurs qu'un vertige soudain
Saisit comme elle, et, le thyrse à la main,
D'un saut léger l'une et l'autre s'élance.
Il fallait voir leurs cheveux annelés,
Flotter dans l'air, sur leur dos étalés ;
Il fallait voir de leur agile croupe
Le mouvement vif et lent tour-à-tour,
En varier la forme et le contour.

Le dieu des bois, tenant en main sa coupe,
Les suit des yeux, les observe en détail,
Tel qu'un lion rôde autour d'un bercail,
L'œil enflammé, la crinière dressée,

La gueule ardente, et l'haleine pressée.
Plus il regarde, et plus la soif du sang
En lui s'allume : un rugissant murmure
De sa fureur est le terrible augure,
Et de sa queue il se frappe le flanc....
Tel est le faune. On voit que l'infidèle
Tout bas rumine un énorme attentat.
Vénus le sent qui trépigne auprès d'elle,
Et de sa rage elle prévoit l'éclat.
Il n'est plus temps, il a perdu la tête.
« Par tous les dieux, je serai de la fête,
« Dit l'insensé. Voyez en quel état
« Vous m'avez mis. Plus de frein qui m'arrête.
« Non, voyez-vous, je n'entends plus raison.
« Parjure, impie, il ne m'importe guère;
« Que ce nectar me serve de poison....
« Je brave tout, tant je suis en colère. »

Il dit, boit, jure, et se lève éperdu.
L'amour lui-même en était confondu.
Vénus s'écrie, et tremble pour les Graces.

Le ravisseur, qui vole sur leurs traces,
Les voit tomber sur un sopha de fleurs.
C'en était fait, si Vénus tout en pleurs
N'eût secouru la timide innocence,
Et du sylvain réprimé la licence.
Chacun la voit s'exposer seule aux coups
De l'ennemi, pour les recevoir tous.
« Frappe, dit-elle, et me prends pour victime.
« Je me dévoue au transport qui t'anime :
« De ces beautés épargne la pudeur,
« Et sur Vénus assouvis ton ardeur. »

Disant ces mots, elle se précipite
Sur les trois sœurs à qui le cœur palpite.
Déja sylvain se livre à ses élans;
Vénus soutient tout le poids de sa chûte,
A ses desirs se croyant seule en butte.
Mais la fortune aime les insolents;
Et celui-ci fut plus heureux que sage.
Sur le sopha trois jolis corps tout nus
De mille attraits laissaient voir l'étalage,

Et se groupaient sous le dos de Vénus.
Le faune plonge, et d'abord sa main pose
Sur un beau sein tout parsemé de lys,
Et couronné par un bouton de rose.
Ce sein, rival des attraits de Cypris,
Était le tien, languissante Euphrosine.
L'autre main glisse.... ô pudeur! en quel lieu
T'ose insulter cette main libertine,
Et jusqu'où va l'insolence d'un dieu?
Tendre Aglaé, tu rougis de l'offense;
Tu voulus même y résister un peu;
Mais l'endroit faible était pris sans défense.
Or, admirez comme tout réussit
Aux gens heureux. Vénus, qui s'adoucit,
Laisse tomber sa tête languissante;
De la déesse écartant les cheveux,
Thalie approche une bouche innocente.
Le sacrilége, au comble de ses vœux,
Croit voir éclore une rose naissante.
Sur cette bouche entr'ouverte au plaisir
La sienne imprime un baiser tout de flamme.

La nymphe et lui, pleins du même desir,
Semblent vouloir s'entrelancer leur ame.
Ah! s'il pouvait un moment s'échapper!...
Oui, mais Vénus a soin de l'occuper.
De ses deux bras lui faisant une chaîne :
« Dégage-toi, si tu peux, de mon sein,
« Dit-elle; ingrat, quel était ton dessein ?
« Je veux, je veux t'accabler de ma haine. »

Dans la colère on ne sait ce qu'on dit.
Vénus s'égare, et s'agite, et bondit.
L'exemple anime, et l'on voit les trois Graces,
Sans hésiter, suivre gaîment ses traces.
Sur le sopha tout s'ébranle et s'émeut;
Le faune, hélas! y fait bien ce qu'il peut.
Tel que l'on voit ou Daquin ou Balbâtre,
Sur un clavier, où voltigent ses doigts,
Frapper d'accord dix touches à-la-fois :
Tel, se jouant sur ce groupe d'albâtre,
Le faune agile y répand alentour
Le mouvement, la chaleur, et l'amour.

Il tient Vénus et les Graces ensemble ;
Il les domine, il les voit s'enflammer,
Brûler pour lui, dans ses bras se pâmer ;
Est-il à plaindre ? amis, que vous en semble ?
Après cela, soyez respectueux.
Au ravisseur impie, incestueux,
Vous eussiez dit que l'Amour en colère
Ferait subir une peine exemplaire :
Le petit traître à ces noirs attentats
Applaudissait en riant aux éclats.
Ah ! devant lui le crime est de déplaire.
Les chastes sœurs crurent devoir se taire
Sur leurs plaisirs ; mais Vénus s'en douta.
En rougissant elle se rajusta,
Puis se plaignit d'avoir été bien aise,
Fit le procès au faune pétulant,
Voulut chasser cet heureux insolent,
Puis s'appaisa, car enfin l'on s'appaise.

LA NEUVAINE
DE CYTHÈRE.

CHANT SEPTIÈME.

SOMMAIRE

DU SEPTIÈME CHANT.

Les amants se couchent, et l'Amour va demander à l'Aurore un beau jour pour la fête de Vénus que l'on célèbre le lendemain : l'Aurore l'écoute avec intérêt et paraît disposée à lui tout accorder, mais elle y met une condition ; elle lui raconte le chagrin que lui cause la vieillesse précoce de Tithon et lui demande son rajeunissement : l'Amour lui indique un moyen, et l'Aurore enchantée de voir qu'il réussit, lui promet le plus beau jour qui ait jamais lui pour l'univers.

LA NEUVAINE
DE CYTHÈRE.

CHANT SEPTIÈME.

LE COUCHER.

Une querelle en amour vaut son prix.
Je ne veux pas qu'elle soit trop amère ;
Mais, vive et douce, elle émeut les esprits.
J'ai vu des yeux qu'enflammait la colère,
L'instant d'après par l'amour attendris.
Ce n'est d'abord que plainte et que menace :
On se regarde, et soudain tout s'efface,
Et l'un et l'autre on revient plus épris.
Mais c'est sur-tout dans un lit que l'on boude
Bien à son aise ! Appuyé sur le coude,

Sans se toucher, on est là dos-à-dos.
On fait semblant de chercher le repos.
Il est bien loin! Dans son inquiétude,
Chacun s'allonge, et, comme sans dessein,
L'on se rapproche. O puissante habitude!
La main s'égare, et tombe sur un sein :
C'est de la paix le signe et le prélude ;
Et des amours le conciliateur
Se trouvant là, devient médiateur.
Ce fut ainsi que le faune parjure
Fit à Vénus oublier son injure.
Vénus, après la scène du soupé,
Les sens émus, l'esprit préoccupé,
Dit à l'Amour : « C'est demain qu'on me fête ;
« J'aurais voulu que ce fût un beau jour ;
« Et les rumeurs du céleste séjour
« Ne m'ont promis qu'orage et que tempête.
« Junon me hait, tous les dieux sont jaloux ;
« Pour défenseur enfin je n'ai que vous.
« — Et c'est assez ; oh oui ! soyez tranquille.
« On doit savoir qui je suis dans les cieux.

« Je châtîrai tous ces audacieux ;
« Oui, tous, moi seul, fussent-ils encor mille :
« Mais, de mes soins en attendant le fruit,
« Au criminel accordez un asyle ;
« Et qu'avec vous il passe au moins la nuit.
« Adieu ; bientôt vous allez voir éclore
« Le plus beau jour que l'Olympe ait produit. »
Il dit, et vole au palais de l'Aurore.
En se couchant Vénus boudait encore.
Sa cour s'éloigne, et le faune lui dit :
« Nous voilà seuls ; te voilà dans ton lit ;
« Et moi, Vénus ? et l'amant qui t'adore ?
« Puis-je du moins auprès de tant d'appas ?...
« — Oui, couchez-vous ; mais ne m'approchez pas. »
Il obéit ; d'abord on lui rappelle
Son imprudence et puis sa trahison.
C'est le nectar qui troublait sa raison.
« Moi, te trahir ! moi, dit-il, infidèle !
« Eh puis-je avoir une amante plus belle ? »
Quoique éloquent, ce discours eut besoin
D'être appuyé : Vénus était fâchée ;

Et, si le faune eût parlé de plus loin,
Ce qu'il eût dit l'eût faiblement touchée.
Mais il ajoute à sa péroraison
Une si belle et si bonne raison,
Avec tant d'art le perfide insinue
De son amour cette preuve ingénue,
Que si Vénus refuse encor de voir
La vérité, comme on dit, toute nue,
Elle en ressent du moins tout le pouvoir.
Elle a beau feindre : elle n'est plus si fière.
Son ame s'ouvre à ce trait de lumière;
Et le dépit qui devait l'émousser,
En expirant, ne put le repousser.
Vénus le sent qui pénètre et l'enflamme.
« Te voilà donc, fier tyran de mon ame?
« Es-tu, dit-elle, assez sûr d'obtenir
« Ce que tu veux? Je devais te punir.
« Tu vois quelle est ta peine et ma vengeance.
« Offense-moi : tu le peux sans remords;
« Mon cœur sera toujours d'intelligence
« Avec le tien : pour de si jolis torts

DE CYTHÈRE.

« J'aurai toujours une pleine indulgence,
« Et l'on a droit de les multiplier,
« Avec ce don de les faire oublier. »
Que de bonté! mais le faune en est digne.
On fait la paix; la volupté la signe;
Chacun la jure, hélas! peut-être en vain,
Et le baiser y met son sceau divin.
Belle Vénus, tandis que tu reposes,
Que dans tes bras le faune est étendu,
Que le Sommeil tient son vol suspendu,
Pour vous verser des pavots et des roses;
Vers l'orient l'Amour est arrivé,
A ce palais dans les airs élevé,
Dont le soleil voit ouvrir la barrière
Par sa brillante et jeune avant-courrière.
Mais comment peindre, à moins de le ternir,
Ce que nos yeux ont peine à soutenir,
Même à travers une vapeur grossière?
L'Inde jamais n'a rien vu de pareil.
L'or, l'émeraude, et le rubis vermeil
Ne seraient là qu'une obscure poussière.

Un péristyle en faisceaux de rayons,
Non pas éteints, comme nous les voyons,
Mais dans l'éclat de leur source première,
S'élève et porte un dôme de lumière.
Le beau ruban de l'écharpe d'Iris
Serait fané près des couleurs sans nombre
Qui de ce dôme émaillent les lambris.
De ces couleurs notre lumière est l'ombre;
Tout l'édifice, arrondi dans son plan,
Et suspendu sur le vaste Océan,
A pour enceinte un amas de nuées,
Subtiles eaux dans l'air atténuées,
D'or et d'azur voiles étincelants,
D'où sort Phébus, la tête échevelée,
Lorsqu'il commande à ses coursiers brûlants
De s'élancer vers la voûte étoilée.
De ce palais sublime et radieux
Aussi l'éclat n'est fait que pour les dieux;
Et, quand l'Aurore y reçoit dans sa couche
Quelque mortel dont la beauté la touche,
Elle lui met un voile sur les yeux.

DE CYTHÈRE.

C'était ainsi qu'avec le beau Céphale
Elle arrosait la rive orientale
De ce parfum qui fait naître les fleurs,
Et qu'on a pris bonnement pour des pleurs.
C'était ainsi qu'oubliant la nature,
Ivre d'amour, elle allongeait, dit-on,
Ses douces nuits dans les bras de Tithon.
De ce Tithon vous savez l'aventure.
Il vieillissait d'un lustre chaque fois;
Et deux par jour c'est trois cents ans par mois.
De sa jeunesse un amant est prodigue :
Tithon le fut; ses beaux jours sont passés.
L'Aurore en vain s'obstine et se fatigue
A ranimer ses sens déja glacés.
Elle pleurait ses inutiles charmes;
Elle voulait fuir le monde et le jour;
Elle arrosait son palais de ses larmes,
Quand tout-à-coup on annonça l'Amour.
« L'Amour! ô ciel! c'est en lui que j'espère;
« Qu'il vienne, hélas! qu'il vienne, et qu'il opère
« Ce que n'ont pu tous mes faibles attraits.

« Dieu de mon cœur! le plus beau de tes traits
« Est émoussé. Tithon, la vigueur même,
« En qui d'abord je croyais voir unis
« Les dons d'Hercule aux charmes d'Adonis;
« Le beau Tithon que j'adore et qui m'aime....
« — Eh bien! Tithon? — Nos plaisirs sont finis.
« — Il est mort? — Non; mais il est vieux, dit-elle.
« Viens, par pitié; vois sa langueur mortelle.
« Je l'avais pris à la fleur du printemps;
« Qui me l'eût dit? il est nul à vingt ans.
« — Je plains Tithon; mais vous, grande déesse,
« Reprit l'Amour, avez-vous la faiblesse
« D'être sensible à ce petit malheur?
« N'êtes-vous pas de celles qui nous disent
« Que pour jouir deux ames se suffisent,
« Que l'on s'en aime avec plus de chaleur?
« N'avez-vous pas la confiance intime,
« L'amitié tendre, et la solide estime?
« Pour vous le reste est de peu de valeur.
« — Ah! dieu charmant, tu ris de ma douleur;
« Mais tu sais bien qu'elle n'est que trop juste.

« Que mon amant soit plus ou moins robuste,
« J'entends raison : je prendrai mon parti;
« Mais à vingt ans le voir anéanti !
« Ah ! cette épreuve épuise ma constance.
« Je n'ai d'espoir que dans ton assistance.
« Amour, guéris cette froide langueur;
« Rends à Tithon sa beauté, sa vigueur,
« Ou je me livre à ma douleur profonde,
« Et dans le deuil je vais plonger le monde.
« Irai-je, hélas! le front chargé d'ennuis,
« Baigner le ciel des pleurs où je me noie?
« Pour annoncer de beaux jours avec joie,
« Il faut avoir passé d'heureuses nuits.
« Il n'en est plus pour la plaintive Aurore
« Sans la faveur qu'à tes pieds elle implore :
« Oui, je l'implore à tes pieds sans rougir.
« La vanité ne me fait point agir;
« J'oublie, hélas! que je suis immortelle.
« Il me suffit d'obtenir du Destin
« Que de Tithon l'ardeur se renouvelle
« Deux fois le soir et deux fois le matin.

« — Rien n'est plus juste, et rien n'est plus modeste
« Reprit l'Amour. Ne désespérez pas
« De mon pouvoir aidé de vos appas.
« Nous détruirons ce charme si funeste.
« Mais vous, déesse, il faut vous signaler
« En ma faveur. — Ah! tu n'as qu'à parler.
« Demain, dit-il, de Vénus c'est la fête;
« Et si Junon s'était mis dans la tête
« De la troubler comme elle a fait souvent....
« — Va, ne crains rien; l'Aurore, en se levant,
« Aux aquilons imposera silence.
« Mieux que Junon, je les tiens sous ma loi,
« Et, quand je veux calmer leur violence,
« Les plus fougueux se taisent devant moi.
« Dis à Vénus que, depuis sa naissance,
« Jamais le ciel n'aura vu si beau jour :
« Il sera digne et d'elle et de l'Amour.
« Oui, sur mes soins dès que tu te reposes,
« Je vais du ciel faire un voile d'azur,
« De l'Océan le crystal le plus pur,
« Et de la terre un beau tapis de roses.

« Mon bel enfant, mon cher petit vainqueur,
« Ah! tu sais bien qu'à ton gré tu disposes
« De mon pouvoir ainsi que de mon cœur.
« Mais prends pitié des maux que tu me causes.
« — Ma foi, dit-il, tu fais si bien les choses,
« Qu'en bon ami c'est à moi d'en user.
« Ne tardons plus. Tiens, reçois ce baiser,
« Et sur les yeux de ton amant fidèle,
« Va l'imprimer, tu verras. » L'immortelle
Vole à Tithon, lui donne tour-à-tour
Sur les deux yeux le baiser de l'Amour.
« C'est moi, Tithon, c'est l'Aurore.... Ah! dit-elle,
« Il se ranime; une vive étincelle
« Brille en ses yeux : le charme a réussi.
« — Allons, encore un baiser qui le touche.
« Tiens, ma déesse, aspire celui-ci,
« Va l'appliquer tout brûlant sur sa bouche,
« Et tu verras. » Comme il l'avait prédit,
Tithon s'émut, soupira, s'étendit,
Témoigna même une légère envie.
« Ce n'est point là le vrai signe de vie,

« Reprit l'Amour. Porte encore à Tithon,
« Déja tout près de perdre la raison,
« Ce baiser-là ; que ta lèvre au plus vîte
« L'imprime juste où le cœur lui palpite,
« Et tu verras. » La déesse obéit,
Et de Tithon le cœur s'épanouit.
Son sang circule avec plus de vitesse;
Son teint reprend l'éclat de la jeunesse,
De tous ses sens le ressort est tendu.
D'un seul encor l'usage est suspendu.
« Achève, Amour, achève le miracle ;
« A mon bonheur il n'est plus qu'un obstacle,
« Dit la déesse, et je sens qu'un baiser
« Va le détruire. Ah! peux-tu refuser
« Ce nouveau charme à ma bouche amoureuse?
« — Tiens, le voilà, dit l'Amour, sois heureuse.
« — Et ce baiser, demanda-t-elle au dieu,
« Où le mettrai-je ? — Où tu voudras. Adieu. »

LA NEUVAINE
DE CYTHÈRE.

CHANT HUITIÈME.

SOMMAIRE

DU HUITIÈME CHANT.

Junon qui déteste Vénus depuis le jugement de Pâris, et qui ne peut lui pardonner d'avoir eu la pomme destinée à la plus belle, a résolu de troubler sa fête, elle va trouver Éole, et la fière déesse obtient de lui qu'il déchainera les vents; déja on aperçoit des traces de leur passage, des vaisseaux sont brisés, des arbres deracinés, etc. etc., lorsque l'Aurore reconnaissante des bontés de l'Amour appaise les vents, et rend au ciel sa sérénité; Vénus et le faune s'éveillent en ce moment.

LA NEUVAINE
DE CYTHÈRE.

CHANT HUITIÈME.

LE LEVER.

Voila Tithon dans les bras de l'Aurore,
Plus frais, plus jeune, et plus beau que jamais.
Je vous les livre, et pour moi je m'en vais
Voir mes héros qui sommeillent encore.
Que le sommeil est doux en ce moment!
L'ame apaisée est heureuse en silence;
Dans sa langueur elle est tout sentiment;
La volupté l'émeut sans violence;
L'illusion la berce mollement;
On croit la voir qui nage et se balance

Dans le plaisir, son tranquille élément.
De leur bonheur ainsi l'ame encor pleine,
Ivres encor de leurs plaisirs passés,
Nos deux amants se tenaient enlacés,
Et l'un de l'autre ils respiraient l'haleine.
Junon n'a pas un sommeil aussi doux;
Le dépit sombre et le soupçon jaloux
Volent autour de son lit solitaire,
Où vainement elle attend son époux.
Dans ses ennuis le plus cruel de tous
Est de savoir qu'on s'amuse à Cythère.
Elle a beau feindre un superbe mépris
Pour l'infidèle et volage Cypris,
C'est le chagrin de la voir si jolie
Qui vient sans cesse affliger ses esprits.
Vénus sur elle a remporté le prix :
C'est un affront qui jamais ne s'oublie.
Pâris n'est plus : Troie est ensevelie;
La moisson croît sur la cendre d'Hector;
Mais de Junon la haine vit encor,
Et trois mille ans ne l'ont point affaiblie.

« Demain, dit-elle, on va voir les mortels
« De ma rivale encenser les autels.
« Tous les échos de Gnide et d'Amathonte
« Vont répéter et sa gloire et ma honte.
« On va chanter que le pasteur d'Ida
« En sa faveur contre moi décida.
« Je l'ai puni cet infidèle juge.
« Humilions celle qui l'a séduit,
« Et qu'un orage élevé cette nuit
« Plonge demain dans un nouveau déluge
« Tout l'appareil, tout l'éclat qui la suit.
« Oui, dès demain, j'en veux faire un exemple,
« Noyer l'autel, et le prêtre, et le temple,
« Et qu'à jamais son culte soit détruit. »
Junon se lève, et descend chez Éole;
Pour le gagner, doucement le cajole,
Lui dit d'abord ce qu'elle a résolu,
Puis lui promet de lui donner des filles:
« Et tu sais bien, dit-elle, beau joufflu,
« Que dans ma cour j'en ai d'assez gentilles. »
Lui, sans chercher de détour superflu:

« Ma foi, dit-il, de ces bonnes fortunes
« Je suis bien las ! jadis elles m'ont plu ;
« Mais à-présent elles sont si communes !...
« M'en croirez-vous, soyons de bon accord ;
« Il est nuit sombre, et votre mari dort.
« Quelques faveurs, en secret échappées
« A sa moitié, lui feront peu de tort,
« Et c'est le droit des épouses trompées. »

Junon rougit de colère et d'orgueil ;
Et sur Éole abaissant un coup-d'œil :
« Eh quoi ! dit-elle, avez-vous l'insolence
« De demander à la reine des cieux
« Qu'elle se livre à votre pétulance ?
« — Refusez-moi, dit Éole ; tant mieux.
« Mes vents et moi garderons le silence.
« Je me propose : est-ce vous offenser ?
« Chacun le sien : c'est à vous d'y penser.
« Je suis pour vous un dieu trop subalterne ;
« Eh bien ! madame, on n'a qu'à se passer
« De mes secours : c'est à prendre ou laisser.

« Je vivrai libre au fond de ma caverne.

« — Non, lui dit-elle, il faut nous seconder,

« Nous bien entendre, et ne plus nous gronder.

« — Grondez, dit-il, grondez tout à votre aise;

« Mais je commande ici, ne vous déplaise;

« Et de mes vents aucun ne soufflera,

« Que mon ardeur avec vous ne s'apaise.

« — Quoi! Jupiter serait?... — Il le sera

« De ma façon; je veux que Junon m'aime;

« Je veux tâter de la grandeur suprême,

« Ou bien la paix dans les airs régnera.

« — Pourquoi pousser les choses à l'extrême?

« Peut-être un jour ma vertu cédera.

« — Un jour! Je veux jouir à l'instant même,

« Sinon demain Vénus triomphera,

« Et l'on va voir le beau temps qu'il fera.

« — Ciel, dit Junon, et comment m'y résoudre?

« Moi, femme et sœur du maître de la foudre;

« Moi!... Pourquoi non, disait-elle tout bas?

« Mon lâche époux néglige mes appas;

« Je puis goûter par notre intelligence,

« Le doux plaisir d'une double vengeance.
« Pour se venger que ne ferait-on pas ?
« Tu le veux donc ? Eh bien ! soit, je m'oublie ;
« Viens, sois heureux, mais garde le secret.
« — Vous avez l'air de céder à regret !
« — Non, mon enfant, je t'aime à la folie....
« — Voyez pourtant si j'étais indiscret....
« — Viens, sois heureux ; dépêche-toi, je tremble.
« Que dirait-on de nous trouver ensemble ?
« — Mais on dirait ce qu'on voudrait, ma foi !
« Çà ! reprit-il, à-présent que t'en semble ?
« Ton Jupiter aime-t-il mieux que moi ?
« — Non ; mais, du moins, jure-moi, cher Éole,
« Que de Vénus l'autel sera souillé ;
« Que sur l'autel l'encens sera mouillé.
« — Je te le jure. — Adieu ; tiens-moi parole. »
« — Allons, dit-il, éveillez-vous, allons,
« Borée, Auster, et vous, noirs aquilons ;
« De l'Océan qu'on parcoure l'espace ;
« De ses vapeurs qu'on assemble la masse,
« Sur l'orient qu'on étende un rideau,

« Et qu'au soleil on oppose un bandeau.
« Junon demande une bonne tempête,
« Qui de Cythère interrompe la fête. »
Sa voix pénètre et retentit au fond
De l'antre noir où les vents couchés ronflent.
En s'éveillant les voilà qui se gonflent,
Et font entendre un bruit sourd et profond.
« Quoi! disent-ils, quelle est donc cette rage?
« Junon ne peut voir le ciel sans orage,
« Et veut toujours nous entendre frémir!
« Ah! qu'elle dorme, et nous laisse dormir.
« Qu'une déesse ait la puce à l'oreille,
« C'est, ma foi, bien la peine qu'on s'éveille!
« A son service on dirait qu'elle tient
« Tous vos enfants. Qu'elle s'aille...—Elle en vient,
« Reprit le dieu. Son époux infidèle
« Est sur ma liste, et je suis content d'elle. »

Du sceptre aigu qu'il porte dans sa main,
Frappant alors une roche escarpée,
Aux vents fougueux Éole ouvre un chemin.

De sa prison la cohorte échappée
Sort à grand bruit, et va se répandant,
L'un vers le nord, l'autre vers l'occident.
Sur leur passage on ne voit que ruines :
Là, des vaisseaux brisés contre un écueil,
Là, des forêts qui, malgré leur orgueil,
Baissent leurs fronts jusques à leurs racines ;
Et les débris du chêne fracassé
Marquent la route où les vents ont passé.
Des vastes mers les vapeurs exhalées
Sous un ciel noir roulent amoncelées,
Et de leur poids l'horizon surchargé
Touche au moment de se voir submergé.
Alors parut l'Aurore au teint de rose,
Fraîche et vermeille, avec l'air radieux,
L'air triomphant, dont vous savez la cause.
Mais de Junon le complot odieux
La fit pâlir. « Quel est donc ce tapage,
« Dit-elle aux vents ? Vous savez que je hais
« Ce froid humide et ces brouillards épais.
« Est-ce en grondant qu'un amant nous engage ?

« Et croyez-vous me captiver jamais
« Par vos fureurs? Comme les voilà faits!
« D'où venez-vous dans ce bel équipage,
« La joue enflée et les cheveux épars!
« Vous effrayez mes timides regards :
« Retirez-vous. Si quelqu'un, plus docile,
« A mon réveil venait demain sans bruit,
« Il trouverait peut-être un cœur facile,
« Car c'est toujours la douceur qui séduit. »
D'un tel espoir qu'aisément on s'abuse!
Chacun des vents se confond en excuse.
« Moi, dit le Sud, je ne fais que passer;
« Je vais cueillir les parfums d'Arabie,
« Et sur vos pas je reviens les verser.
« Moi, dit le Nord, je m'en vais en Libye,
« Répandre l'eau que je viens d'amasser.
« Moi, de souffler je n'avais nulle envie,
« Dit le Ponent; mais Éole et Junon
« Me l'ordonnaient : je n'ai pu dire non.
« — Éole? Éole est fait pour me complaire,
« Reprit l'Aurore; et la reine des airs

« N'a pas le droit de troubler l'univers,
« Ni d'obscurcir l'Olympe que j'éclaire.
« Je n'entends point toutes ces raisons-là.
« Paix, vite, allons, balayez tout cela ;
« D'un ciel serein que l'azur se déploie ;
« Puis allez dire au dieu qui vous envoie
« Que je vous chasse, et que, pour l'apaiser,
« Je lui promets le plus joli baiser.
« S'il est galant, qu'il détache Zéphyre
« Et ses pareils. J'aime un vent qui soupire ;
« Entendez-vous, c'est vous en dire assez.
« Profitez-en ; allez, obéissez. »

Des vents soumis la légion s'envole,
Et du baiser l'espoir séduit Éole ;
Par un serment il vient de s'engager,
Mais chez Éole un serment est léger.
En vain Junon s'irrite et se désole ;
Du haut des airs l'Aurore, en souriant,
Sème de fleurs le paisible orient.
Tout l'horizon n'est plus qu'une corbeille.

Où les Zéphyrs, à l'envi de l'abeille,
Vont effleurant la jonquille et le thym,
Et de parfums arrosent le matin.
Autour du char de la brillante Aurore,
Le ciel plus pur s'éclaire et se colore;
On voit des mers les ondes s'aplanir
Pour répéter l'Olympe qu'elle dore.
On voit les monts, les forêts rajeunir.
Mais, ô Vénus, c'est sur-tout dans ton île
Que d'un printemps en délices fertile
Tous les trésors semblent se réunir.
Là, des oiseaux l'harmonieux ramage
Fait retentir les plus riants bosquets.
La pourpre et l'or de leur riche plumage,
Comme des fleurs se mêlant au feuillage,
Changent ces bois en autant de bouquets
Dont la nature à Vénus fait l'hommage.
Un nouveau charme est répandu dans l'air.
Flore a pris soin de coiffer les Naïades,
Et de leur onde, épanchée en cascades,
L'argent liquide est plus pur et plus clair.

De nos amants Vénus fut la première
Dont l'œil s'ouvrit aux traits de la lumière.
Le faune dort, sur le dos étendu ;
Mais l'Amour veille, et son arc est tendu.
« De mon triomphe, ah! quel heureux présage!
« Dit la déesse; ah! le charmant réveil!
« Que l'air est pur! que l'Olympe est vermeil!
« Et que mon faune est beau dans le sommeil!
« C'est un Hercule à la fleur de son âge.
« J'en ai bien vu, mais jamais de pareil. »

Alors Vénus (car tel est son usage),
A deux genoux lisant son Arétin,
Fait à l'Amour l'oraison du matin.
Vous la voyez sur son lit accroupie,
Et de son mieux recueillant ses esprits,
Telle à-peu-près que l'un de nos Zeuxis
Vous en a fait l'élégante copie :
Mais ajoutez qu'ici son jeune dieu
De ses genoux occupe l'intervalle,
Et que Vénus s'est campée au milieu

Du corps musclé qu'à ses yeux il étale.
« Sommeil, dit-elle, enchante mon amant;
« Attends, attends que le plaisir te chasse. »
L'instinct, qui met chaque chose à sa place,
N'eut pas besoin de guide en ce moment.
Droit vers le pôle il dirige l'aimant.
Voilà le faune et Vénus face à face,
L'un en repos, et l'autre en mouvement.
Sur lui Vénus plane légèrement.
Elle s'élève, et s'abaisse, et l'agace
Par un facile et doux balancement.
Le malin faune, en voluptés habile,
Feint de dormir, et se tient immobile;
Mais le plaisir enfin le décela;
Et tout-à-coup s'élançant sur sa proie :
« Eh quoi! dit-il, friponne, te voilà!
« Tu fais mon rôle; achève, et que je voie
« Si tu soutiens ce personnage-là. »

Vénus triomphe, et nage dans la joie.
Vous eussiez dit, au mouvement léger

Que se donnait l'obligeante immortelle,
Que le Plaisir l'enlevait sur son aile
Comme un volant qu'il eût fait voltiger.
Et qui peut peindre, en ce moment d'ivresse,
La beauté même unie à la tendresse !
Qui peut du faune exprimer les plaisirs,
En respirant l'ame de Cythérée,
En l'enflammant du feu de ses désirs ?
Il la voyait cette amante adorée,
L'œil immobile et le cœur palpitant,
De leur bonheur précipiter l'instant.
Du plus beau sein la fraise colorée
Vient sur sa bouche au-devant du baiser ;
Il la saisit, il l'aurait dévorée.
Mais tout-à-coup il se sent apaiser,
Et dans ses bras Vénus tombe égarée.
On n'entend plus que ces faibles accents
Qui du plaisir terminent la durée ;
Et, répandue en soupirs languissants,
Leur ame enfin se détache des sens.
L'Amour arrive, et les voit tête à tête :

« Bon jour, dit-il, bon jour et bonne fête.
« — Ah! dit Vénus, que ne te dois-je pas?
« Viens, cher Amour, viens, vole dans mes bras;
« Rends-moi la vie : ah! ce faune me tue.
« — Et vous est-il encor bien odieux?
« — Il est charmant; jamais aucun des dieux
« N'a su si bien.... Tu m'en vois abattue.
« Tiens, le voilà qui se ranime encor.
« Vois dans ses yeux comme ton feu pétille.
« Je gagerais qu'il va prendre l'essor.
« Sauvons-nous vite; et vite qu'on m'habille. »

LA NEUVAINE
DE CYTHÈRE.

CHANT NEUVIÈME.

SOMMAIRE

DU NEUVIÈME CHANT.

Vénus se lève, et sa parure n'est qu'un négligé galant : elle se rend à son temple ; elle est long-temps en route, parce qu'elle est obligée de répondre à toutes les demandes des vieillards, des coquettes, des prudes, etc. etc. Description du temple de Vénus. Junon rencontre Éole, et lui fait les plus vifs reproches de ce qu'aucun orage n'a éclaté; Éole veut se justifier : Jupiter se mêle de cette discussion; Junon veut répliquer, et la querelle commençait à devenir grave, lorsque Vénus descend de son trône et réconcilie les deux époux en leur présentant son faune.

LA NEUVAINE DE CYTHÈRE.

CHANT NEUVIÈME.

LA FÊTE.

Heureux qui prend Vénus au saut du lit !
C'est, à mon gré, le moment de la peindre.
Si quelque chose à mes yeux l'embellit,
C'est ce désordre où l'art ne peut atteindre.
Mais maint objet perd à tout laisser voir,
Et de là vient la mode et la décence.
C'est la Laideur qui, devant son miroir,
A fait les lois qu'on prête à l'Innocence.
Intéressée à sauver l'apparence,
De ses besoins elle fit un devoir.

LA NEUVAINE

Alors, dit-on, la pudeur prit naissance;
Elle se donne encor quelque licence,
Et le costume, avec art ménagé,
N'est pour Vénus qu'un galant négligé.
L'art même à peine entre dans sa parure :
Ce sont des fleurs, des boucles de cheveux;
C'est un ruban qui flotte à l'aventure;
C'est une gaze où voltigent les jeux.
Dans cet éclat de la simple nature,
Belle de soi, n'ayant pour seul atour
Que sa légère et volante ceinture,
Vénus se rend avec toute sa cour
A ce beau temple où l'annonce l'Amour.
Dans le vallon que ce temple couronne,
Sous les berceaux du bois qui l'environne,
Mille amoureux s'animaient en dansant.
Elle applaudit d'un regard caressant,
Et dit tout bas : « La fête sera bonne. »
Un peu plus loin, sous des myrtes fleuris,
Ses vieux soldats, ses vaillants émérites,
De leurs exploits lui demandent le prix.

« Allez, dit-elle, aimables sybarites,
« Vers vous Bacchus acquittera Cypris;
« Chez lui la joie effacera vos rides,
« Il s'est chargé de tous mes invalides. »
Mainte coquette exprime ses regrets
De ne plus être à la fleur du jeune âge,
Se plaint, gémit, et pleure ses attraits.
L'une voudrait retrouver son teint frais,
L'autre un amant, fût-il encor volage.
Vénus leur dit : « Le Temps est un voleur;
« A ses larcins on reconnaît ses traces.
« Pour rajeunir, ayez recours aux Graces :
« Ma faveur même y peut moins que la leur. »

En attendant ce retour de jeunesse,
Pour son usage une grande princesse
Modestement ne demandait, hélas!
Qu'un seul amant qui ne fût jamais las.
« On n'en fait plus, lui répond la déesse. »

Certaine prude, afin de mieux garder

La bienséance, et ne rien hasarder,
Voudrait avoir au besoin, sans scrupule,
Dans son boudoir un automate Hercule,
Qui par ressorts à son gré se mouvant,
Lui tiendrait lieu d'un Hercule vivant.
L'invention par Vénus fut goûtée.
« J'en parlerai, dit-elle, à Prométhée;
« C'est un artiste en prodiges fécond.
« S'il en fait deux, vous aurez le second. »

Ainsi Vénus fend la foule, et s'avance
Jusqu'à son temple. A ce temple immortel
Des bouts du monde on vient en affluence.
Le feu sans cesse y brûle sur l'autel;
Le plus petit, le plus grand personnage,
Du Gange au Nil, du Tage à la Néva,
A cet autel font un pélerinage,
Et nuit et jour l'un en vient, l'autre y va.
Sous le portique où le bronze respire,
Tous les héros de l'amoureux empire
Ont leur statue. Ariane, Didon,

DE CYTHÈRE.

Thisbé, Sapho, Cléopâtre, Julie,
Vous dont l'amour fut la douce folie;
Et vous à qui le plaisir fit un nom,
Laïs, Glycère, Aspasie et Ninon,
Vous décorez les dortoirs d'Idalie.
Les plus grands cœurs que l'Amour ait vaincus,
Vous, Soliman, Périclès, Théodose,
Alcibiade, Antoine, Séleucus,
Sur un beau sein chacun de vous repose.
Plus grand encor, Alcide paraît là
Environné des cinquante pucelles
Qu'en s'amusant un soir il viola.
Le jeune Achille est entouré de celles
A qui lui-même en fraude il se mêla.
Le beau Pâris dans le temple de Gnide
Tient bonne place, et pour bonne raison.
Mais on n'y voit ni le triste Jason,
Ni ce Thésée, amant faible et perfide,
Ni des Troyens le héros insipide,
Quoiqu'il se dît l'enfant de la maison.
On voit aussi, sous le même portique,

Du beau moderne à côté de l'antique.
Là, nos Français que l'amour a polis,
Preux chevaliers, ceints de myrte et de lys,
Semblent encor voler de belle en belle.
Plus d'un pourtant fut heureux et fidèle.
Les Amadis, les Rogers, les Rolands,
Et mille encor que les mêmes talents
Ont signalés, mais qu'il est inutile
Que je vous nomme, ornaient ce péristyle.
Des vrais amants aucun n'est oublié ;
Mais les honneurs sont réglés au plus juste :
Qui fut heureux en aimant est en pié :
Qui n'a qu'aimé, sans jouir, est en buste.
O mes amis, bornons tous nos désirs
A mériter un jour la même gloire.
Un petit coin au temple des plaisirs
Vaut mieux qu'un trône au temple de mémoire.
Vénus arrive au milieu des concerts.
Tout retentit de cantiques sublimes ;
Des flots d'encens s'élèvent dans les airs ;
Et vers l'autel s'avancent les victimes :

Jeunes beautés, à l'œil vif, au teint frais,
Aux dents de perle, au sein blanc comme neige;
Jeunes garçons, au sortir du collége;
Tous libertins, tous jolis et bien faits.
Pudeur! sans toi comme je les peindrais!
On les couronne; Amour les initie;
Et deux à deux, blessés des mêmes traits,
En soupirant chacun le remercie.
Chacun promet d'aimer jusqu'au tombeau,
Et par-delà, s'il survit à lui-même,
Ce que le ciel a formé de plus beau,
Car c'est ainsi que l'on voit ce qu'on aime.
Vénus sourit, et dit à chaque amant :
« Oui, je vous crois; aucun de vous ne ment.
« Vivez unis; tant mieux si cela dure!
« Vous l'espérez; j'en accepte l'augure.
« Mais point de gène et point d'engagement.
« Avec plaisir je reçois le serment,
« Et sans humeur je verrai le parjure. »
Alors se lève un jeune et beau docteur
Qui d'Épicure éloquent sectateur,

8

Fait de Vénus l'éloge le plus ample.
« Elle n'a point, dit l'aimable orateur,
« Borné sa gloire à l'enceinte d'un temple.
« Son culte embrasse et la terre et les cieux.
« L'astre du jour, dans sa course féconde,
« Échauffe, anime, électrise le monde
« Moins que Vénus, d'un regard de ses yeux.
« A son attrait à l'envi tout se livre.
« Elle adoucit les monstres des déserts.
« Par-tout, sans cesse, on brûle de la suivre ;
« Et jusqu'aux bords qu'assiégent les hivers,
« On vit par elle, et pour elle on veut vivre.
« Suivez, mortels, cet instinct glorieux :
« C'est le plaisir qui vous égale aux dieux.
« Mais à quoi bon vous animer encore ?
« Jeunes, charmants, et sur-tout vigoureux,
« Vous n'aspirez qu'au moment d'être heureux.
« Allons, Amour! Ce peuple qui t'adore,
« Sent comme moi l'aiguillon du désir.
« Ouvre, il est temps, la barrière au plaisir ;
« Nous allons voir un nouveau monde éclore. »

Ces vers, mieux faits que je ne vous les dis,
Furent goûtés, tout bas même applaudis.
Et dans l'instant la belle Cythérée,
D'encens, de gloire, et d'amour enivrée,
Se rend au cirque à ses jeux solennels :
Ceux d'Apollon, de Neptune, et d'Alcide,
Aux champs de Delphe, à Corinthe, en Élide,
Sont abolis; les siens sont éternels.
Dans ce tournois qui termine la fête,
Vingt mille amants sont rangés tête-à-tête
Sur le glacis, doucement incliné,
D'un gazon frais, tendre, souple, élastique,
Théâtre immense, au plaisir destiné,
Dont un bois sombre est l'auguste portique :
Sur un sopha qui s'élève au milieu,
Vénus paraît avec son jeune dieu.
L'essaim brillant des plaisirs l'environne.
On voit le faune avec elle enchaîné,
On voit l'Amour, comme un enfant bien né,
Mettre à ses pieds son arc et sa couronne.
Le peuple attend que le signal se donne,

Et dans l'instant le signal est donné.
Incontinent, tel qu'un feu d'artifice
S'élève en gerbe, et sillonne les airs,
Tels, au moment de ce grand sacrifice,
Cent mille amours, plus prompts que les éclairs,
Partent ensemble, et leur flamme propice
D'un pôle à l'autre embrase l'univers.
Cela veut dire, en langage vulgaire,
Qu'on fait par-tout ce qu'au faune on voit faire.
Qu'il était beau ! qu'il fut bien secondé !
Tel à Rocroi l'on vit le grand Condé,
Sur un coursier qui portait la victoire,
Donner l'exemple aux amants de la gloire.
Les dieux, du haut des lambris étoilés,
D'un œil jaloux observant cette fête,
Sentent le feu qui leur monte à la tête.
Quoi ! disent-ils, sommes-nous mutilés ?
Ou dans le ciel sommes-nous exilés ?
Que fais-je ici ? le beau temps et la pluie,
Ou quelquefois de brillants serpenteaux,
Dit Jupiter. Quoi ! jusqu'aux végétaux,

Là-bas tout aime, et chez moi je m'ennuie !
Suis-je donc fait pour garder les manteaux ?
Non, pour moi-même il est temps que je vive ;
A moi, mon aigle, et qui m'aime me suive.
En vain Junon, le voyant si dispos,
Le conjurait de lui rester fidèle.
« — Y pensez-vous ? Une femme immortelle,
« Dont le mari ne sera jamais veuf,
« Serait, dit-il, encore assez cruelle
« Pour exiger qu'il ne vît rien de neuf,
« Et que sans cesse il fût occupé d'elle !
« C'est se moquer, madame, aimez ailleurs ;
« Prenez-en dix des plus beaux, des meilleurs :
« La loi doit être égale et mutuelle :
« Je m'y soumets en dépit des railleurs ;
« Mais entre nous point de chaîne éternelle.
« Tout doit changer : c'est l'arrêt du destin ;
« Et j'ai besoin d'une femme nouvelle. »
Ainsi parla notre vieux libertin.
Des courtisans un prince est le modèle.
Aussi les dieux, à lui plaire occupés,

Dès qu'ils l'ont vu s'élancer sur son aigle,
Quittant l'Olympe, en chevaux échappés,
Dans leurs désirs n'ont plus ni frein ni règle.
Les voilà donc parmi nous descendus,
Sur ces gazons les voilà répandus,
Mais dépouillés d'une gloire importune,
Et sans façon dans la foule étendus,
L'un sur la blonde, et l'autre sur la brune.
Le fils d'Alcmène, et le dieu des combats,
L'ardent Pluton, l'impétueux Neptune,
Jupiter même, en prenant ses ébats,
N'est plus ici qu'homme à bonne fortune.
Dieux et mortels, dans le cirque amoureux,
Sont tous égaux, car ils sont tous heureux.
Et dans le ciel que faisaient les déesses?
Bon! dans le ciel les croyez-vous encor?
Elles ont fait comme dans l'âge d'or,
Couru les bois en nymphes chasseresses,
A tous venants prodigué leurs caresses,
Ou, sous des traits dans le monde inconnus,
A cette fête arrivant déguisées,

DE CYTHÈRE.

Leurs déités se sont humanisées ;
Et Junon même est au bal chez Vénus.
Or, en cherchant quelqu'un qui la console,
Dans un bosquet elle rencontre Éole
Qui culbutait une nymphe. « Alte-là !
« Traître, dit-elle, en le prenant.... par-là,
« Où sont tes vents, ta pluie, et ton orage ?
« Quoi ! des zéphyrs, et pas un seul nuage !
« T'avais-je, ingrat, demandé ce temps-là ?
« Viens m'apaiser, car je suis d'une rage !... »

Pris de façon à ne pas biaiser,
Le pauvre dieu travaille à l'apaiser.
Quand Jupiter, qu'on était loin d'attendre,
Passe et les voit, croit d'abord se méprendre.
« Eh ! quoi, dit-il, vous, ma femme, ici-bas,
« Laisser ainsi profaner vos appas,
« Et par un dieu d'une espèce aussi mince,
« Au coin d'un bois, en nymphe de province !
« Dans cet état vous êtes belle à voir !
« Je vous l'ai dit, je permets la licence ;
« Mais, en laissant de côté le devoir,

« Encor faut-il garder quelque décence.
« N'avez-vous pas dans l'Olympe un boudoir ? »
A son aspect le dieu des vents s'arrête,
Le suppliant d'être bien convaincu
Que ce n'était qu'en faveur de la fête....
« Éloigne-toi, vil souffleur de tempête,
« Dit Jupiter, ne me romps pas la tête;
« Le roi des dieux ne peut être.... vaincu. »
Junon piquée, et même un peu confuse
Que son époux eût surpris sa vertu
Dans un état qui n'a guère d'excuse,
Avec humeur se relève, et l'accuse
De ne jamais la laisser en repos,
Et d'arriver toujours mal-à-propos.
« C'est bien à vous, dit-elle, de vous plaindre !
« J'ai trop souffert, je suis lasse de feindre. »
Et la voilà rappelant tous les tours
Qu'il lui faisait dans ses folles amours.
« Comment, dit-il, c'est elle encor qui gronde !
« Elle eût voulu qu'à son aise, à loisir,
« On la laissât se donner du plaisir !
« Mille carreaux!... » Le souverain du monde

Fronçait déja ses sourcils orageux,
Et la Discorde allait troubler les jeux,
Lorsque Vénus, descendant de son trône,
Après avoir, d'un regard tendre et doux,
Du couple auguste apaisé le courroux,
En souriant leur présente son faune.
« Dieux immortels, je vous demande à tous
« S'il est, dit-elle, assez digne de vous. »
Les faits ouïs, la neuvaine décrite,
Tous ses rivaux, même les plus jaloux,
En gens d'honneur rendent gloire au mérite.
« Venez, mon gendre, et soupez avec nous,
« Dit Jupiter : ce sera chez ma fille.
« Je veux ce soir m'enivrer en famille.
« Demain matin, l'Olympe radieux
« Sera témoin de votre apothéose ;
« Car le Destin, dont ma fille dispose,
« A dit ces mots, consignés dans les cieux :
« Quand il lui plaît, la beauté fait les dieux. »

FIN DE LA NEUVAINE DE CYTHÈRE.

NOTES.

NOTES.

CHANT PREMIER.

Page 4, vers 2.

Terrible Mars, ce sont là de tes jeux.

Mars, dieu de la guerre, était fils de Jupiter et de Junon, Bellone sa sœur conduisait son char, la Crainte et la Terreur étaient ses deux filles.

Page 4, vers 12.

Chantons l'Amour qui console le monde.

L'Amour, le plus beau des immortels. Les poëtes ont feint que parmi ses flèches il y en a dont la pointe est d'or et d'autres dont la pointe est de plomb ; les premières ont la vertu de faire aimer, et les autres ont un effet tout contraire.

Page 4, vers 19.

Vénus dormait sur un gazon naissant.

Vénus, une des divinités les plus célébrées dans l'antiquité païenne fut formée de l'écume de la mer; elle fut mise au rang des plus grandes déesses, et comme elle favorisait les passions, on l'honora d'une manière digne d'elle.

On consacra à cette déesse, parmi les fleurs, la rose; parmi les arbres, le myrte; parmi les oiseaux, les cygnes, les moineaux et sur-tout les colombes.

Page 6, vers 6.

Un jeune faune ardent, nerveux et leste.

Les faunes sont les fils ou les descendants de Faunus, ils habitaient les campagnes et les forêts. On les distinguait des satyres et des sylvains par le genre de leurs occupations qui se rapprochent davantage de l'agriculture.

Page 7, vers 3.

Va droit au fait, et la reine de Gnide.

Gnide, ville et promontoire de la Carie, où Vénus avait un temple fameux; on y voyait la statue renommée faite par Praxitèle.

Page 9, vers 1.

Plus beau que Mars, plus tendre qu'Adonis.

Adonis, favori de Vénus.

NOTES.

CHANT DEUXIÈME.

Page 13, vers 6.
Mille zéphyrs voltigeaient alentour.

Zephyrs. Les poëtes n'ont pas manqué de multiplier cette aimable famille. Ovide peint les zéphirs occupés sous la direction de leur chef, à parer de fleurs l'enfance du monde que la poésie place toujours au printemps. On leur immolait une brebis blanche comme à des divinités favorables. Virgile ne manque pas de faire offrir ce sacrifice par Anchise, avant de s'embarquer. *Zephyris felicibus Albam.*

Page 14, vers 3.
Et que Pâris avait vu dévoilé.

Pâris, fils d'Hécube et de Priam, roi de Troie, abandonné par ses parents fut élevé avec des bergers du mont Ida; bientôt le jeune pasteur se distingua par son esprit et par son adresse et se fit aimer d'OEnone, qu'il épousa. Aux noces de Thétis et de Pelée la discorde ayant jeté sur la table la fatale pomme d'or avec l'inscription, *A la plus belle*, Junon, Minerve et Vénus la disputèrent et demandèrent des juges. L'affaire était délicate et Jupiter craignant de compromettre son jugement, envoya les trois déesses sous la conduite de Mercure, sur le mont Ida pour y subir le jugement de Pâris, qui avait apparemment la réputation d'être grand connaisseur. Les déesses parurent dans l'équipage le plus galant et n'oublièrent rien de ce qui pouvait éblouir ou séduire leur juge; on ajoute même que Pâris, pour juger en plus grande connaissance de cause, exigea qu'aucun voile importun ne dérobât à son examen les beautés des trois solliciteuses. Junon promit le pouvoir et la richesse, Minerve le savoir et la vertu, et Vénus la possession de la plus belle personne de l'univers; cette promesse et la beauté supérieure de Vénus lui firent adjuger la pomme.

CHANT TROISIÈME.

Page 21, vers 1.

Les dieux, depuis la guerre des géants.

Géants, enfants du ciel et de la terre qui firent la guerre aux dieux.

Page 23, vers 18.

Et des plaisirs que goûtait Cythérée.

Cythérée, nom que Vénus avait pris de l'île de Cythère où elle était adorée.

NOTES.

Page 24, vers 13.
Et l'on verra si la belle Cypris.

Cypris, autre surnom de Vénus, soit parce qu'elle était née dans l'île de Chypre qui lui était consacrée, soit parce que c'était près de cette île qu'elle avait pris naissance de l'écume de la mer.

Page 25, vers 12.
A Jupiter? reprit Mars en colère.

Jupiter, le plus puissant des dieux que l'antiquité a reconnus. Ordinairement la figure de la justice accompagne celle de Jupiter, et quelquefois on joignait à la justice les graces et les heures pour nous apprendre que la divinité rend justice à tout le monde, en tout temps et avec bonté.

Page 25, vers 14.
Non, c'est Vulcain, c'est lui qu'il faut résoudre.

Vulcain était fils de Junon. Homère nous apprend que cette déesse, honteuse d'avoir mis au monde un fils si mal fait, le précipita dans la mer, afin qu'il fût toujours caché dans ses abymes. Il aurait beaucoup souffert si la belle Thétis et Eurynome, filles de l'Océan, ne l'eussent recueilli : il demeura neuf ans dans une grotte profonde, occupé à leur faire des boucles, des agrafes, des colliers, des bracelets, des bagues. Vulcain conservant dans son cœur du ressentiment contre sa mère pour cette injure, fit une chaise d'or qui avait un ressort et l'envoya dans le ciel. Junon, qui ne se méfiait pas du présent de son fils, voulut s'y asseoir et y fut prise comme dans un trébuchet : il fallut que Bacchus enivrât Vulcain pour l'obliger à venir délivrer Junon, qui avait préparé à rire aux dieux par cette aventure.

Page 25, v. 17.

Part, vole, arrive aux antres de Lemnos.

Lemnos, île de la mer Égée, où Vulcain tomba lorsque Jupiter le précipita du ciel. Les Lemniens le retinrent en l'air et l'empêchèrent de se briser; en récompense de ce service le dieu établit chez eux sa demeure et ses forges, et promit d'être la divinité tutélaire de l'île.

Page 26, vers 7.

Bon, dit Vulcain, Vénus est à Cythère.

Cythère, île de la Méditerranée, entre celle de Crète et le Péloponnèse, aujourd'hui Cérigo. Ce fut auprès de cette île que Vénus fut formée de l'écume de la mer. Aussitôt après sa naissance elle y fut portée sur une conque marine. Les habitants de cette île avaient consacré un temple superbe à cette déesse sous le nom de Vénus-Uranie.

Page 27, vers 17.

En l'attendant, Éole a déchaîné, etc. etc.

Éole, fils de Jupiter et de Mélanippe, et dieu des vents, régnait sur les îles qu'on appelait Vulcaines et depuis Éolides; mais sa résidence était à Lipara une de ces îles. Son palais retentissait tout le jour de cris de joie et on y entendait un bruit harmonieux.

Page 28, vers 3.

L'ardent Notus, l'impétueux Borée.

Notus, vent du midi extrêmement chaud, fils d'Éole et de l'Aurore.

Borée, vent du nord, que Pindare appelle le roi des vents; métamorphosé en cheval il donna naissance à douze poulains d'une telle vîtesse, qu'ils couraient sur les épis sans les rompre, et sur les flots sans y tremper les pieds.

Page 30, vers 12.

Quitte Junon, se rend à l'assemblée.

Junon, fille de Saturne et de Rhéa, sœur de Jupiter; ce dieu devint amoureux d'elle et la trompa sous le déguisement d'un coucou, il l'épousa ensuite dans les formes. Ils ne firent pas bon ménage ensemble, c'étaient des querelles et des guerres perpétuelles. Jupiter la battait et la maltraitait en toutes manières, jusqu'à la suspendre une fois entre le ciel et la terre avec une chaîne d'or et lui mettre une enclume à chaque pied. Vulcain, son fils, ayant voulu la dégager de là, fut culbuté d'un coup de pied, du ciel en terre.

Junon persécuta toutes les maîtresses de son mari et tous les enfants qui naquirent d'elles. On dit qu'en général elle haïssait les femmes galantes; ce fut pour cela, ajoute-t-on, que Numa leur défendit à toutes sans exception de paraître jamais dans les temples de Junon. La même fable ajoute qu'il y avait près d'Argos une fontaine où Junon se lavait tous les ans et y redevenait vierge.

CHANT QUATRIÈME.

Page 36, vers 4.

L'heureux sylvain de Vénus suit les traces,

Sylvain, dieu champêtre chez les Romains, qui présidait aux forêts.

Sylvain était un dieu ennemi des enfants et dont on leur faisait peur comme du loup, à cause de l'inclination qu'ont tous les enfants à détruire et à rompre les branches d'arbre; pour les en empêcher on leur représentait Sylvain comme un dieu qui ne souffrait pas impunément qu'on gâtât des objets qui lui étaient consacrés.

Page 36, vers 21.

L'une est Thalie, à l'œil vif, au corps leste.

Thalie, une des neuf muses, elle présidait à la comédie. C'est une jeune fille à l'air folâtre, couronnée de lierre, tenant un masque à la main et chaussée de brodequins. Quelquefois on place à ses côtés un singe, symbole de l'imitation.

Plusieurs de ses statues ont un clairon parce qu'on s'en servait chez les anciens pour soutenir la voix des acteurs.

Page 38, vers 11.

Mais des trois sœurs, la touchante Euphrosine.

Euphrosine, une des trois graces; celle qui désigne la joie.

Page 40, vers 4.

Enfin Diane à ses lois a cédé.

Diane. Les poëtes lui donnent trois têtes, la première de cheval, la seconde de femme ou de laie, et la troisième d'un chien ou d'un lion. On dit que lorsque sa mère accoucha de deux jumeaux, Diane vit le jour la première et aida Latone à mettre au monde son frère.

Elle conçut une telle aversion pour le mariage qu'elle obtint de Jupiter la grace de garder une virginité perpétuelle, ainsi que Minerve sa sœur, ce qui fit donner à ces deux déesses le nom de vierges blanches. Jupiter l'arma lui-même d'arcs et de flèches, la fit reine des bois, et composa son cortége de vingt nymphes dont elle exigeait une chasteté inviolable; aucune ne put rester avec elle.

Page 40, vers 6.

Endymion lui-même était si las.

Endymion, petit-fils de Jupiter, qui l'admit dans le ciel; mais ayant manqué de respect à Junon, il fut condamné à un sommeil perpétuel, ou selon d'autres de trente ans seulement; c'est pendant ce sommeil que l'on suppose que la lune éprise de sa beauté venait le visiter toutes les nuits dans une grotte, elle en eut cinquante filles, après quoi Endymion fût rappelé dans l'Olympe.

Ce sujet a été souvent traité par les poëtes et les peintres, mais aucun ne l'a rendu aussi poétiquement que M. Girodet. Endymion presque nu et d'une beauté idéale, dort dans un bosquet; l'Amour déguisé en zéphir mais qu'on reconnaît à ses ailes et à son air malin, écarte le feuillage et par l'intervalle qu'il laisse ouvert, un rayon de la lune où respire toute la chaleur de la passion, vient mourir sur la bouche du beau dormeur, le reflet de la lune et la teinte des objets et du corps d'Endymion même ne laissent aucun doute sur l'heure de la nuit où l'action se passe et sur la présence de la déesse.

CHANT CINQUIÈME.

Page 49, v. 10.

De consulter l'immuable Destin.

Destin, destinée, divinité aveugle, fille de la nuit et du chaos, toutes les autres divinités étaient soumises à celle-ci.

Page 52, vers 14.

De nos Vesta fit rougir la pudeur.

Vesta était la déesse du feu, ou le feu même.

Page 52, vers 18.

Est-ce le dieu du Thyrse ou du Trident?

Trident, sceptre à trois pointes ou fourche à trois dents, symbole de Neptune qui marque son triple pouvoir sur la mer, de la conserver, de la soulever et de l'apaiser; c'était une espèce de sceptre dont les rois se servaient autrefois, ou plutôt un instrument marin ou harpon, dont on faisait souvent usage en mer pour piquer les gros poissons que l'on rencontre. Ce furent les Cyclopes qui en firent présent à Neptune dans la guerre contre les Titans. On dit que Mercure lui vola un jour son trident, c'est-à-dire qu'il devint habile dans l'art de la navigation ; ce trident entr'ouvrait la terre chaque fois que Neptune l'en frappait.

Page 52, vers 19.

Mars ou Mercure, ou le fils de Latone?

Mercure, celui des dieux qui selon la fable est le plus occupé, on le peignait avec la moitié du visage claire et l'autre noire et sombre, parce qu'on croyait qu'il conduisait les ames aux enfers et qu'ainsi il était tantôt au ciel ou sur la terre, et tantôt dans le royaume des ombres. Son culte n'avait rien de particulier, sinon qu'on lui offrait les langues des victimes, emblême de son éloquence.

Latone fut aimée de Jupiter. Junon par jalousie fit naître le serpent Python pour tourmenter sa rivale, elle avait fait promettre à la Terre de ne lui donner aucune retraite ; mais Neptune touché de compassion fit sortir du fond de la mer l'île de Délos où Latone changée en caille par Jupiter se refugia, et où, à l'ombre d'un olivier, elle accoucha de Diane et d'Apollon.

NOTES.

CHANT SIXIÈME.

Page 59, vers 10.

Le bon Silène en tria le raisin.

Silène, père nourricier de Bacchus.

Page 59, vers 11.

La jeune Hébé l'exprima de sa main.

Hébé, déesse de la jeunesse, fille de Jupiter et de Junon ; cette déesse ayant été invitée à un festin par Apollon, elle y mangea tant de laitues sauvages, que de stérile qu'elle avait été jusques alors elle devint enceinte d'Hébé.

Page 60, vers 13.

Junon la prude et la sage Minerve.

Minerve était la déesse de la sagesse et de la guerre, des sciences et des arts : sa naissance a une cause fort originale. Jupiter après avoir dévoré Métis, se sentant un grand mal de tête, eut recours à Vulcain, qui d'un coup de hache lui fendit la tête. Minerve sortit tout armée de son cerveau, elle fit sortir de terre un olivier ce qui lui valut la vénération de la multitude ; les animaux qui lui étaient consacrés étaient sur-tout la chouette et le dragon qui accompagnent souvent ses images, c'est ce qui fit dire assez plaisamment à Démosthènes que Minerve se plaisait dans la compagnie de trois vilaines bêtes, la chouette, le dragon et le peuple.

Page 60, vers 16.

Apollon rêve, et fait des vers nouveaux.

Apollon. Comme sa sœur Diane il eut trois noms, on l'appelait Phébus au ciel, du mot *Phoibos*, lumière ou vie, parce qu'il conduisait le char du soleil traîné par quatre chevaux; Liber sur la terre, et Apollon aux enfers. Dieu de la poésie, de la musique, de l'éloquence, de la médecine, des augures et des arts, il présidait au concert des muses.

Le monument le plus célèbre qui nous reste de l'antiquité, est le fameux Apollon du Belveder dont le célèbre Winkelmann a fait cette description poétique.

« De toutes les statues antiques qui ont échappé à la
« fureur des barbares et à la main destructive du temps,
« la statue d'Apollon est sans contredit la plus sublime :
« on dirait que l'artiste a composé une figure purement
« idéale et qu'il n'a employé de matière que ce qu'il
« fallait pour exécuter et représenter son idée. Autant
« la description qu'Homère a faite d'Apollon surpasse
« les descriptions qu'en ont essayées après lui les autres
« poëtes, autant cette statue l'emporte sur toutes les fi-
« gures de ce même dieu. Sa taille est au-dessus de celle

« de l'homme et son attitude annonce la grandeur divine
« qui le remplit. Un éternel printemps tel que celui qui
« règne dans les champs fortunés de l'Élysée, revêt d'une
« aimable jeunesse son beau corps et brille avec dou-
« ceur sur la fière structure de ses membres. Pour mieux
« sentir tout le mérite de ce chef-d'œuvre de l'art, il
« faut se pénétrer des beautés intellectuelles et devenir
» s'il se peut créateur d'une nature céleste, car il n'y a
« rien qui soit mortel, rien qui soit sujet aux besoins
« de l'humanité. Ce corps dont aucune veine n'inter-
« rompt les formes et qui n'est agité par aucun nerf,
« semble animé d'un esprit céleste qui circule comme
« une douce vapeur dans tous les contours de cette
« admirable figure. Ce dieu vient de poursuivre Py-
« thon, contre lequel il a tendu pour la première
« fois son arc redoutable; il l'a atteint dans sa course
« rapide et vient de lui porter le coup mortel. Pé-
« nétré de la conviction de sa puissance et comme
« abymé dans une joie concentrée, son regard pénètre
« au loin dans l'infini et s'étend bien au-delà de sa vic-
« toire, le dédain siége sur ses lèvres, l'indignation qu'il
« respire gonfle ses narines et monte jusqu'à ses sourcils:
« mais une paix inaltérable est peinte sur son front; son
« œil est plein de douceur, tel qu'il est quand les muses
« le caressent. Parmi toutes les figures qui nous restent
« de Jupiter, il n'y en a aucune dans laquelle le père

« des dieux approche de la grandeur avec laquelle il se
« manifesta jadis à l'intelligence d'Homère; mais dans
« les traits de l'Apollon du Belveder, on trouve les
« beautés individuelles de toutes les autres divinités
« réunies comme dans celle de Pandore. Ce front est
« le front de Jupiter renfermant la déesse de la sagesse,
« ces sourcils par leur mouvement annoncent la vo-
« lonté suprême, ce sont les grands yeux de la reine
« des déesses, arqués avec dignité, et sa bouche est
« une image de la volupté; semblable aux tendres sar-
« ments de la vigne, sa belle chevelure flotte autour
« de sa tête, comme si elle était légèrement agitée par
« l'haleine du zéphir. Elle semble parfumée de l'essence
« des dieux et se trouve attachée avec une pompe char-
« mante au haut de sa tête par la main des graces; à
« l'aspect de cette merveille de l'art, j'oublie tout l'u-
« nivers et mon esprit prend une disposition surnatu-
« relle propre à en juger avec dignité. De l'admiration
« je passe à l'extase, je sens ma poitrine qui se dilate
« et s'élève comme l'éprouvent ceux qui sont remplis
« de l'esprit des prophéties; je suis transporté à Délos
« dans les bois sacrés qu'Apollon ornait de sa présence.
« Cette statue semble s'animer comme le fit jadis la
« beauté sortie du ciseau de Pygmalion. Mais comment
« te décrire, ô inimitable chef-d'œuvre! il faudrait pour
« cela que l'art même daignât m'inspirer et conduire ma

« plume; les traits que je viens de crayonner, je les
« dépose devant toi, comme ceux qui, venant pour
« couronner les dieux, mettaient leurs couronnes à leurs
« pieds ne pouvant atteindre à leur tête. »

Page 60, vers 17.

Neptune a l'air d'une sombre tempête.

Neptune, dieu des mers.

Page 60, vers 18.

Hercule boit ou conte ses travaux.

Hercule, nom commun à plusieurs héros de l'antiquité. L'Hercule le plus connu, celui qu'honoraient les Grecs et les Romains et auquel se rapportent presque tous les Anciens monuments, est le fils de Jupiter et d'Alcmène, femme d'Amphytrion. La nuit qu'il fut conçu dura, dit-on, l'espace de trois nuits, mais l'ordre des temps n'en fut pas dérangé, parce que les nuits suivantes furent plus courtes.

Le jeune Hercule eut plusieurs maîtres, il apprit à tirer de l'arc de Rhadamanthe et d'Euryte; de Castor, à combattre tout armé; Chiron fut son maître en astronomie et en médecine. Linus, selon Elien, lui enseigna à jouer d'un instrument qui se touchait avec l'archet; et, comme Hercule détonnait en touchant, Linus l'en reprit avec sévérité. Hercule peu docile ne put souffrir la réprimande, lui jeta son instrument à la tête, et le tua du coup; il devint d'une taille extraordinaire et d'une force de corps incroyable. C'était aussi un grand mangeur; un jour qu'il voyageait avec son fils Hyllus il demanda des vivres à un laboureur qui était à sa charrue, et, parce qu'il n'en obtint rien, il détacha un des bœufs de la charrue, l'immola aux dieux et le mangea. Cette faim canine l'accompagna jusque dans le ciel, aussi Callimaque exhorte Diane à prendre non pas des lièvres mais des sangliers et des taureaux, parce qu'Hercule n'avait point perdu entre les dieux, la qualité de grand mangeur qu'il avait eue parmi les hommes; il devait être encore un grand buveur, si l'on en juge par la grandeur énorme de son gobelet; il fallait deux hommes pour le porter, quant à lui il n'avait besoin que d'une main pour s'en servir, lorsqu'il le vidait.

Hercule eut plusieurs femmes et un plus grand nombre de maîtresses; les plus connues sont Mégare, Omphale, Iole, Épicaste, Partenope, Déjanire, et la jeune Hébé qu'il épousa dans le ciel.

Un ancien auteur le peint extrêmement nerveux avec des épaules carrées, un teint noir, un nez aquilin, de gros yeux, la barbe épaisse, les cheveux crépus et horriblement négligés.

NOTES. 143

Page 61, vers 16.

Nymphes, allons, tandis que je vais boire.

Nymphes, ce nom dans la signification naturelle, signifie une nouvelle mariée; on l'a donné dans la suite à des divinités qu'on représentait sous la figure de jeunes filles.

Page 62, vers 5.
Elle exprimait les feux de Danaé.

Danaé, fille d'Acrisius roi d'Argos, fut enfermée fort jeune dans une tour d'airain, par son père, sur la foi d'un oracle qui lui annonçait que son petit-fils devait un jour lui ravir la couronne et la vie; mais Jupiter se changea en pluie d'or, et s'étant introduit dans la tour, rendit Danaé mère de Persée.

Page 62, vers 6.
Ceux d'Antiope et de Pasiphaé.

Antiope, fille de Nyctéus, roi de Thèbes, fut célèbre dans toute la Grèce par sa beauté.

Pasiphaé, fille du soleil, épousa Minos dont elle eut plusieurs enfants, entre autres Deucalion, Astrée, Androgée, Ariane, etc. Vénus pour se venger du soleil qui avait éclairé de trop près son intrigue avec Mars inspira à sa fille un amour désordonné pour un taureau blanc que Neptune avait fait sortir de la mer.

Page 62, vers 7.

Comment Europe au taureau fut docile.

Europe, fille d'Agénor, roi de Phénicie, et sœur de Cadmus, joignait à sa beauté une blancheur si éclatante que l'on disait qu'elle avait dérobé le fard de Junon. Jupiter épris d'amour la voyant un jour jouer sur la mer, avec ses compagnes, se change en taureau, s'approche de la princesse d'un air doux et caressant, se laisse orner de guirlandes, prend des herbes dans sa belle main, la reçoit sur son dos, se jette dans la mer et gagne à la nage l'île de Crète.

Page 62, vers 8.

Quelle attitude avait prise Léda.

Léda. Jupiter ayant trouvé cette princesse sur les bords de l'Eurotas, prit la figure d'un cygne, alla se jeter entre les bras de Léda, laquelle au bout de neuf mois accoucha de deux œufs; de l'un sortirent Pollux et Hélène, de l'autre Castor et Clytemnestre.

NOTES.

Page 63, vers 9.

J'aime celui qu'Ariane, en buvant.

Ariane, fille de Minos, roi de Crète, éprise de Thésée venu pour combattre le Minotaure, lui donna un peloton de fil à la faveur duquel il sortit du labyrinthe.

Page 63, vers 17.

Viens, Bacchus, viens, je me livre.

Bacchus était le plus gai des conquérants et des fondateurs; il fit la conquête des Indes avec une armée d'hommes et de femmes, portant au lieu d'armes, des thyrses et des tambourins, puis il alla en Égypte où il enseigna l'agriculture aux mortels, planta la vigne, et fut adoré comme le dieu du vin; c'est lui qui inventa les représentations théâtrales et qui le premier établit une école de musique, exemptant du service militaire tous ceux qui excellaient dans cet art.

On immolait à Bacchus beaucoup de pies, parce que le vin rend indiscret.

Page 64, vers 22.

Bacchantes nouvelles.

Bacchantes, femmes qui célébraient les mystères de Bacchus; les premières femmes qui portèrent ce nom furent celles qui suivirent Bacchus à la conquête des Indes, portant à la main un thyrse ou lance courte, recouverte de lierre et de pampre, assez souvent nues à l'exception d'un voile léger qui voltigeait autour d'elles, la tête quelquefois entourée de serpents vivants, l'œil en feu, le regard effaré, les bacchantes couraient çà et là, faisant retentir les airs de leurs hurlements et du bruit de leurs instruments barbares, criant *Evohe*, menaçant et frappant les spectateurs, formant des danses qui consistaient en bonds irréguliers et convulsifs, déchirant de jeunes taureaux, mangeant leur chair crue, elles allaient célébrer leurs sacrifices sur le mont Cythéron près Thèbes.

Page 65, vers 2.

Aganippide.

Aganippe; fille du fleuve Permesse, qui coule du pied du mont Hélicon. Elle fut métamorphosée en fontaine dont les eaux avaient la vertu d'inspirer les poëtes; et cette fontaine fut consacrée aux muses. Elle se jetait dans le Permesse.

Page 65, vers 13.

Est-il de Ménade.

Ménades. Nom des bacchantes qui veut dire être en fureur. Ce surnom leur fut donné, parce que, dans la célébration des orgies, elles étaient agitées de transports furieux, courant échevelées à demi-nues, agitant le thyrse dans leurs mains, faisant retentir de leurs hurlements et du bruit des tambours les monts et les bois en poussant la fureur jusqu'à tuer ceux qu'elles rencontraient et à porter leurs têtes en bondissant de rage et de joie.

CHANT SEPTIÈME.

Page 77, vers 8.

Il dit, et vole au palais de l'Aurore.

L'Aurore, déesse qui devint amoureuse du jeune Tithon; elle l'enleva, l'épousa et en eut deux fils dont la mort lui fut si sensible que ses larmes abondantes produisirent la rosée du matin : il n'y a pas d'inscription poétique qui puisse valoir le tableau du lever de l'aurore par le Guide. « Tandis que la nuit enveloppe encore la « mer qui est cependant éclairée par intervalle, on voit « paraître l'aurore, jeune, belle, simple, vêtue de voiles « de toutes les couleurs, emblêmes ingénieux et brillants « des nuages qui l'accompagnent, elle tient dans ses « mains des fleurs et parfume les airs qu'elle rougit par

« degrés. Elle s'avance en regardant d'un œil attendri
« le soleil qui la suit et la regarde aussi avec attendrisse-
« ment : en effet l'aurore et le soleil ne peuvent s'atteindre;
« ils s'entrevoient à peine un moment dans les beaux
« jours. Cependant quatre superbes coursiers rasent en
« bondissant les flots azurés qui s'enflamment et empor-
« tent le char vermeil. Les plus jeunes filles de l'aurore,
« les premières heures si ressemblantes à leur mère et
« si semblables entre elles, se tiennent en riant, par la
« main, autour du char, tandis que planant entre la
« déesse et les coursiers, l'amour porte le flambeau du
« soleil, le secoue sur l'univers, et à l'instant le jour brille. »

Page 80, vers 5.

Le beau ruban de l'écharpe d'Iris.

Iris, messagère de Junon, qui la plaça au ciel en récompense de ses services.

Page 81, vers 1.

C'était ainsi qu'avec le beau Céphale.

Céphale, mari de Procris, reçut de sa femme un présent qui leur devint funeste à tous deux, c'était un javelot qui ne manquait jamais son coup : ce présent ne fit qu'ajouter à la passion de Céphale pour la chasse.

Procris, inquiète de ses absences et jalouse, s'avisa de le suivre secrètement et s'embusqua sous un feuillage épais; son époux excédé de fatigue et de chaleur étant venu par hasard se reposer sous un arbre voisin, sa femme qui l'entendit, imaginant qu'il parlait à une rivale, fit un mouvement qui agita le feuillage. Céphale, croyant que c'était une bête fauve, lança le dard qu'il avait reçu d'elle et la tua; il reconnut son erreur et se perça avec le même javelot. Jupiter touché du malheur des deux époux les changea en astres.

Page 81, vers 7.

Ses douces nuits dans les bras de Tithon.

Tithon, fils de Laomédon et frère de Priam; l'Aurore l'aima et obtint pour lui de Jupiter l'immortalité, mais elle oublia de demander qu'il ne vieillît pas et il devint si vieux qu'il fallut l'emmailloter comme un enfant; enfin ennuyé des infirmités de la vieillesse il desira être changé en cigale, et il obtint cette faveur.

NOTES.

CHANT HUITIÈME.

Page 91, vers 3.

Tous les échos de Gnide et d'Amathonte.

Amathonte, ville de l'île de Chypre, consacrée à Vénus; les habitants lui avaient bâti un superbe temple ainsi qu'à Adonis.

Page 91, vers 5.

On va chanter que le pasteur d'Ida.

Ida. Montagne de l'Asie mineure au pied de laquelle était bâtie Troie. Elle avait, au milieu, un antre où Pâris rendit son jugement entre les trois déesses. C'est là que les Idéens exercèrent l'art de travailler le fer qu'ils avaient appris de la mère des dieux. Cette montagne était sous la protection immédiate de Cybèle.

CHANT NEUVIÈME.

Page 111, vers 1.

Thisbé, Sapho, etc. etc.

L'aventure de Pyrame et Thisbé est trop connue pour qu'il soit besoin de la rappeler ici.

NOTES.

Page 111, vers 18.

Ni ce Thésée, amant faible et perfide.

Thésée. Les poëtes désignent souvent sous le nom d'Erecthide, parce qu'on le regardait comme un des plus illustres descendants d'Erecthée. On rapporte plusieurs traits du courage et de la force dont Thésée fit preuve dès ses premières années. Les Trézéniens contaient qu'Hercule étant venu voir Pitthée, quitta sa peau de lion pour se mettre à table. Plusieurs enfants de la ville, entre autres Thésée, qui n'avait que sept ans, attirés par la curiosité, étaient accourus chez Pitthée; mais tous eurent grand' peur de la peau de lion, excepté Thésée, qui, arrachant une hache des mains d'un esclave et croyant voir un lion, vint pour l'attaquer. Egée, avant de quitter Trézènes, mit sa chaussure et son épée sous une grosse roche, et ordonna à Ethra de ne pas lui envoyer son fils à Athènes, qu'il ne fût en état de lever cette pierre. A peine Thésée eut-il atteint l'âge de seize ans, qu'il la remua et prit l'espèce de dépôt qu'elle recélait, au moyen duquel il devait se faire reconnaître pour le fils d'Egée. Arrivé secrètement à Athènes, il parut tout-d'un-coup avec une robe traînante et de beaux cheveux qui flottaient sur ses épaules; et s'approchant du temple d'Apollon delphinien qu'on achevait de bâtir et dont il ne restait plus que le comble à faire, il entendit les ouvriers qui disaient en riant : Où va donc cette belle grande fille ainsi toute seule. Il ne répondit rien, mais ayant dételé deux bœufs qui étaient près de là à un chariot couvert, il prit l'impériale du chariot et la jeta plus haut que les ouvriers qui travaillaient à la couverture du temple.

Thésée, avant de se faire reconnaître pour héritier du trône d'Athènes, résolut de s'en rendre digne; la gloire et la vertu d'Hercule l'aiguillonnaient vivement. Bientôt après il vint à Athènes pour s'y faire reconnaître : il trouva cette ville dans une étrange confusion. Médée y gouvernait sous le nom d'Egée; et, ayant su l'arrivée d'un étranger qui faisait beaucoup parler de lui, elle tâcha de le rendre suspect au roi, convint même de le faire empoisonner dans un repas que le roi devait lui donner. Mais, au moment où Thésée allait avaler le poison, Egée reconnut son fils à la garde de son épée et chassa Médée, dont il découvrit les mauvais desseins. Les Pallantides voyant Thésée reconnu ne purent cacher leur ressentiment et conspirèrent contre Egée dont ils se croyaient les seuls héritiers. La conspiration fut découverte et dissipée par la mort de Pallas et de ses enfants qui tombèrent sous les coups de Thésée : mais ces meurtres, quoique jugés nécessaires, obligèrent le héros à se bannir d'Athènes pour un an, et après ce temps, il fut absous au tribunal des juges qui s'assemblaient dans le temple d'Apollon delphinien.

Les Athéniens, long-temps après sa mort, lui rendirent les honneurs funèbres. Plutarque rapporte qu'à la bataille de Marathon on crut voir ce héros en armes, combattant contre les barbares; que les Athéniens ayant consulté là-dessus l'oracle d'Apollon, il leur fut ordonné de recueillir les os de Thésée ensevelis dans l'île de Scyros, de les placer dans le lieu le plus honorable et de les garder avec soin. L'embarras fut de trouver ces os : pendant qu'on les cherchait de tous côtés par les ordres de Cimon, il vit heureusement un aigle qui becquetait un lieu peu élevé et tâchait de l'entr'ouvrir avec ses serres. Frappé d'abord comme d'une inspiration divine, dit l'historien, il fit fouiller dans le même endroit et trouva la tombe d'un fort grand homme avec le fer d'une pique et une épée. Cimon fit transporter le tout à Athènes, et ces restes du héros furent reçus par les Athéniens et des processions et des sacrifices, comme si c'eût été Thésée lui-même qui fût revenu. On les déposa dans un superbe tombeau élevé au milieu de la ville; et en mémoire du secours que ce prince avait donné aux malheureux pendant sa vie, et de la fermeté avec laquelle il s'était exposé aux injustices, son tombeau devint un asyle sacré pour les esclaves; ensuite on lui bâtit un temple dans lequel il reçut des sacrifices le huitième de chaque mois, outre une grande fête qu'on lui assigna au 8 d'octobre, parce qu'il était revenu ce jour-là de l'île de Crète.

FIN DES NOTES DE LA NEUVAINE DE CYTHÈRE.

POLYMNIE.

AVANT-PROPOS.

M. Marmontel fils, ne devait point publier le poëme de Polymnie, que des considérations particulières avaient engagé l'auteur à garder dans son portefeuille : mais un prétendu éditeur ayant, par une spéculation blâmable, fait imprimer une copie fautive de ce manuscrit, et certain nombre d'exemplaires ayant circulé avant qu'il en eût obtenu la saisie, M. Marmontel a cru qu'il était de son devoir de rétablir le texte dans sa pureté, et il l'a augmenté d'un assez grand nombre de passages qu'il a retrouvés parmi les manuscrits de M. l'abbé Morellet.

PRÉFACE.

Pendant toute l'année 1776, on ne parlait à Paris que musique. C'était le sujet de toutes les disputes, de toutes les conversations, l'ame de tous les soupers, et il aurait paru ridicule de pouvoir s'intéresser à autre chose. A une question de politique on répondait par un trait d'harmonie; à une réflexion morale, par la ritournelle d'une ariette; et, si l'on essayait de rappeler l'intérêt que produit telle pièce de Racine ou de Voltaire, pour toute réponse on vous faisait remarquer l'effet de l'orchestre dans le beau récitatif d'Agamemnon. C'était l'*Iphigénie* de Gluck qui causait toute cette grande fermentation. Elle était d'autant plus vive, que les avis étaient extrêmement partagés, et que tous les partis étaient animés de la même fureur. On en distinguait sur-tout trois : celui de l'ancien opéra français, qui avait juré de ne point reconnaître d'autres dieux que Lulli et Rameau; celui de la musique purement italienne, qui ne voulait croire qu'au chant des Jomelli, des Sacchini; enfin celui du chevalier Gluck, qui prétendait avoir trouvé la musique la plus propre à l'action théâtrale, une musique dont les principes ne sont puisés que dans la source éternelle de l'harmonie, et dans le rapport intime de nos sentiments et de nos sensations.

Telle était la disposition des esprits lorsque Piccini vint à Paris sous la protection de M. l'ambassadeur de Naples. Voici en quels termes une feuille du temps raconte ce grand événement. « M. Piccini « avait été précédé depuis long-temps par la répu- « tation la plus justement méritée. Le succès de sa « *Bonne Fille*, quelque mal que la pièce eût été paro- « diée, et quelque médiocre qu'en fût l'exécution; la « vogue de tous les opéras du sieur Grétry, qui s'était « glorifié jusque alors d'être son élève; tous les mor- « ceaux de sa composition qu'on avait entendus avec « transport au concert des Amateurs et au concert « Spirituel; que de raisons pour être prévenu en sa « faveur! Son arrivée fut annoncée avec éclat; nos « plus célèbres artistes, nos plus grands virtuoses, « s'empressèrent de lui rendre hommage; et, les co- « médiens italiens ayant donné une reprise de la

PRÉFACE.

« *Bonne Fille*, le public demanda l'auteur à grands
« cris, et le reçut avec des acclamations multipliées.
« C'est alors que le parti des gluckistes frémit, et
« que celui des Sacchini, des Piccini, des Traëtta,
« reprit un peu courage.

« On sut que la reine Marie-Antoinette, qui s'in-
« téresse au progrès de tous les arts, qui daigne
« elle-même en cultiver plusieurs, et qui les protége
« tous comme une branche précieuse du bonheur
« public; on sut que cette auguste souveraine dési-
« rait fixer Piccini en France; on sut que l'Opéra lui
« avait fait un traitement assez considérable; on sut
« aussi que M. Marmontel avait arrangé plusieurs
« poëmes de Quinault, pour les rendre plus suscep-
« tibles et de la forme et de l'expression musicale;
« qu'il en avait confié un à Piccini, et qu'ils travail-
« laient tous les jours ensemble. Que de circon-
« stances réunies pour exciter les plus vives alarmes!
« — C'est donc une nouvelle révolution qu'on nous
« prépare! Quelle tyrannie! Vouloir sans cesse varier
« nos plaisirs! Est-ce qu'on peut changer de système
« en musique comme en politique? A peine nous
« étions-nous accoutumés, disaient les uns, à cette
« musique nouvelle, qui du moins se fait presque

« aussi bien entendre que celle de nos pères, qu'il
« faudra encore y renoncer! A peine, disaient les
« autres, avions-nous formé le goût de la nation,
« qu'on veut la replonger dans la barbarie. Nous
« étions parvenus à lui inspirer le grand goût, ne
« voilà-t-il pas qu'on veut lui donner celui des coli-
« fichets, de tous ces ornements frivoles dont l'Italie
« même est dégoûtée! Est-ce pour flatter l'oreille
« qu'on fait de la musique? C'est pour peindre les
« passions dans toute leur énergie, c'est pour dé-
« chirer l'ame, élever le courage, accoutumer les
« sens aux impressions les plus pénibles, former des
« citoyens, des héros, etc. etc. Réunissons, mes-
« sieurs, tous nos efforts pour détourner le fléau qui
« menace et le chevalier Gluck et la république en-
« tière. »

« En conséquence, les pamphlets, les sarcasmes,
« les petites lettres anonymes volent de toutes parts.
« Le Courrier de l'Europe, la Gazette du soir, tous
« les journaux, en prodiguant sans cesse au cheva-
« lier Gluck les éloges les plus outrés, sèment avec
« adresse les préventions les plus capables de nuire
« au succès de Piccini. On ne l'attaque point ou-
« vertement, mais on tâche en secret de détruire

PRÉFACE.

« toutes les opinions qui pourraient lui être favo-
« rables. Loin de s'engager dans de longues dis-
« cussions, on se contente de laisser échapper quel-
« ques mots en passant; une plaisanterie, un trait
« malin suffit. Le ridicule qu'on ne peut jeter sur le
« compositeur, on cherche à le répandre sur le poëte
« qui s'est associé avec lui.

« M. Marmontel s'avise de dire, à une représen-
« tation d'*Alceste*, que ce vers

Par son accent m'arrache et déchire le cœur.

« lui arrache les oreilles. On imprime ce qu'il a dit
« dans la feuille du soir, mais on ajoute : « Son voi-
« sin, transporté par le sublime de ce passage et
« la manière dont il était rendu, lui répliqua : Ah!
« monsieur, quelle fortune! si c'est pour vous en
« donner d'autres. » Le prétendu voisin était M. l'abbé
« Arnaud. Débuter dans une querelle de musique
« par se prendre aux oreilles, cela semble assez na-
« turel; mais deux confrères, deux membres de l'a-
« cadémie française, deux encyclopédistes! O phi-
« losophie, quel scandale! M. Marmontel voulut
« bien mépriser cette première insulte. Il ne répondit
« pas davantage à une lettre du chevalier Gluck,

« revue et corrigée par M. le Bailli du Rollet, quoi-
« qu'il y fût traité sans ménagement, et qu'on eût eu
« l'indiscrétion de faire courir la lettre dans tout
« Paris, pour l'insérer ensuite dans le Courrier de
« l'Europe. Mais un trait dont il se trouva formelle-
« ment blessé, parce qu'il y crut voir l'intention la
« plus déterminée de nuire à son ami Piccini, c'est
« la plaisanterie qui parut, quelques semaines après,
« dans cette même feuille du soir, destinée à jouer
« le plus grand rôle dans ces illustres querelles. La
« voici : « Savez-vous, dit hier quelqu'un à l'amphi-
« théâtre de l'Opéra, que le chevalier Gluck arrive
« incessamment avec la musique d'*Armide* et de
« *Roland* dans son porte-feuille? — De Roland? dit
« un de ses voisins; mais M. Piccini travaille actuel-
« lement à le mettre en musique. — Eh bien! ré-
« pliqua l'autre, tant mieux, nous aurons un *Or-
« lando* et un *Orlandino*. » Il faudrait avoir le génie
« même du chantre d'*Orlando*, pour le moins tout
« le talent de celui d'*Orlandino*, pour peindre au
« naturel le ressentiment, l'indignation, la colère que
« cette mauvaise plaisanterie excita dans l'ame de
« M. Marmontel, les suites funestes de ce premier
« mouvement, et les malheurs qui pourront en ré-

PRÉFACE. 165

« sulter encore et pour la musique et pour la phi-
« losophie. Ce misérable jeu de mots d'*Orlando* et
« d'*Orlandino* est la première étincelle qui embrâsa
« toute notre atmosphère littéraire; et le Destin,
« qui tient dans ses mains le cœur des sages comme
« celui des rois, peut seul prévoir le terme où s'ar-
« rêtera ce grand incendie.

« Il y avait déja quelques jours que la feuille de
« discorde avait paru, et que le plus grand nombre
« des lecteurs l'avait oubliée, lorsque M. Marmon-
« tel, qui venait seulement d'en être instruit, dé-
« clara, dans une assemblée de vingt personnes chez
« M. de Vaines, l'ancien commis des finances, qu'il
« n'y avait qu'un (ce n'est pas notre faute si l'acadé-
« mie adopte aujourd'hui des expressions que nous
« n'aurions jamais osé répéter sans une autorité aussi
« respectable), qu'il n'y avait qu'un *maraud* qui
« pût s'être permis un sarcasme aussi méchant, aussi
« infâme. L'intérêt avec lequel M. l'abbé Arnaud
« osa le défendre, ne laissa aucun doute à M. Mar-
« montel sur le véritable auteur de cette ingénieuse
« plaisanterie. Tout le monde l'attribuait à l'abbé
« Arnaud; M. Marmontel vit bien qu'il fallait être
« de l'avis de tout le monde; mais les épithètes qu'il

« venait de choisir pour caractériser un de ses con-
« frères, lui parurent toujours les plus propres et
« les plus convenables du monde. La scène fut aussi
« vive qu'on peut l'imaginer.

« Depuis ce moment fatal, la discorde s'est em-
« parée de tous les esprits, elle a jeté le trouble
« dans nos académies, dans nos cafés, dans toutes
« nos sociétés littéraires. Les gens qui se cher-
« chaient le plus se fuient; les dîners même, qui
« conciliaient si heureusement toutes sortes d'esprits
« et de caractères, ne respirent plus que la con-
« trainte et la défiance; les bureaux d'esprit les plus
« brillants, les plus nombreux jadis, à-présent sont
« à moitié déserts. On ne demande plus, Est-il jan-
« séniste, est-il moliniste, philosophe ou dévot? On
« demande, Est-il gluckiste ou picciniste? Et la ré-
« ponse à cette question décide toutes les autres.

« Le parti Gluck a pour lui l'enthousiasme élo-
« quent de M. l'abbé Arnaud, l'esprit adroit de
« M. Coquelau, l'impertinence du bailli du Rollet,
« et, sur toutes choses, un bruit d'orchestre qui doit
« nécessairement avoir le dessus dans toutes les dis-
« putes du monde, et qui doit l'emporter plus sû-
« rement encore au tribunal dont les juges sont ac-

PRÉFACE.

« cusés, comme on sait, depuis long-temps d'avoir
« l'ouïe fort dure.

« Le parti Piccini n'a guère pour lui que de bonnes
« raisons, de la musique enchanteresse, mais une
« musique qui ne sera peut-être exécutée ni enten-
« due, le suffrage de quelques artistes désintéressés,
« et le zèle de M. Marmontel, zèle dont l'ardeur est
« infatigable.

« Aux brochures qu'on a déja faites anciennement
« en faveur de M. Gluck, il faut encore ajouter les
« lettres de l'anonyme de Vaugirard, insérées dans
« la gazette du soir. Il y règne un persifflage plein
« de finesse et de goût. On les attribue à M. S****,
« et l'on dit qu'étant le plus considérable de ses
« ouvrages, il aurait grand tort de le désavouer. »

Nous citerons ici quelques-unes des épigrammes
qui ont couru dans le temps.

ÉPIGRAMME PAR M. DE RHULIÈRES.

>Est-ce Gluck, est-ce Piccini
>Que doit couronner Polymnie?
>Marmontel, à la Harpe uni,
>Sans rien connaître en harmonie,
>Dit qu'il en parle de génie,
>Et tient déja pour l'Ausonie.

Arnaud tient pour la Germanie ;
En défendant son ami Gluck,
Il prétend qu'aux jeux olympiques
Il l'eût emporté de cent piques;
Et quand on disputait un bouc,
Qu'Alceste, Iphigénie, Orphée,
Auraient eu chacun un trophée.
Donc entre Gluck et Piccini
Tout le Parnasse est désuni.
L'un soutient ce que l'autre nie,
Et Clio veut battre Uranie.
Pour moi qui crains toute manie,
Plus irrésolu que Babouc,
N'épousant Piccini ni Gluck,
Je n'y connais rien ; ergo, Gluck.

Les gluckistes mettaient *la Caravane* au-dessus de *Didon* et d'*Atys*; un sieur Maugé, ayant été condamné à ne pas aller à l'Opéra pendant trois représentations, parce qu'il avait sifflé la première de ces pièces, adressa à M. Morel, auteur des paroles, la requête suivante :

Depuis trois jours on me condamne
A fuir les lyriques lambris,
Pour avoir avec tout Paris
Médit de votre Caravane ;

PRÉFACE.

> Daignez rappeler le banni,
> Monseigneur Morel, je vous prie,
> Et plus que vous, toute la vie,
> Je médirai de Piccini,
> Et vous tiendrai pour un génie.

On voit, par l'âcreté de ces épigrammes, combien les passions étaient enflammées à cette époque. c'est cette guerre que Marmontel a voulu décrire; et, si ce poëme offre quelques négligences et quelques taches qu'il aurait fait disparaître, on y retrouve toujours sa touche fine et brillante.

POLYMNIE.

CHANT PREMIER.

SOMMAIRE

DU PREMIER CHANT.

Invocation à la muse du chant. Grand conseil des dieux pour la fête d'Apollon, que l'on célèbre tous les cent ans. Jupiter écoute le compte rendu de tous les dieux; et, comme il en résulte que la Discorde règne sur la terre, on propose d'y envoyer la muse du chant pour rétablir l'harmonie; on agite la question de savoir dans quelle contrée elle se rendra, et, après une revue des différents pays de l'Europe, on se décide pour l'Italie; Polymnie part, et se rend à Naples, où l'on lui présente les plus grands poëtes.

PICCINI.

Bergeret del.   H. Dauqué filius Sc.

POLYMNIE.

CHANT PREMIER.

Muse du chant, dis-moi tes aventures;
Mais, plus tranquille après de longs revers,
Viens en riant égayer mes peintures;
Et, si tu veux que les races futures
Prêtent l'oreille, accompagne mes vers.

Lorsqu'à travers les climats qu'il éclaire,
Le dieu du jour, dans ses douze maisons
Ayant cent fois promené les Saisons,
Veut célébrer la fête séculaire,
Dans un salon du pourpris radieux
Est assemblé le grand conseil des dieux.
Pour les juger leur maître les convoque.

Il veut savoir quel est à cette époque
L'état du monde, et connaître, en bon roi,
Si chacun d'eux a rempli son emploi.
De ce conseil la dernière séance
Fut orageuse. On arrive en silence;
Chacun se place, et, sur le tapis vert,
Du temps passé le registre est ouvert:
Ce n'est par-tout que folie et misère;
Tout est en feu : la Chine, l'Indostan,
Le Kan, le Czar, le Sophi, le Sultan,
Les rois d'Europe, hélas! jusqu'au Saint-Père.
Et demandez pourquoi tout ce bruit-là?
C'est que les rois s'ennuieraient sans cela.
Lors Jupiter, enflammé de colère,
Branlant la tête et fronçant le sourcil,
Ce sourcil noir qui fait trembler la sphère:
« Dieux insensés! dieux fainéants! dit-il,
« Est-ce donc là le bien qu'on a dû faire?
« Quoi! ces mortels qui devaient désormais
« Être si bons, si modérés, si sages,
« Sont plus méchants et plus fous que jamais!

POLYMNIE.

« De mal en pis vous menez tous les âges.
« Par l'Achéron ! si j'en crois mon courroux,
« A ce lien je vous suspendrai tous,
« Et vous ferai tourner comme la fronde,
« Pour vous apprendre à mieux régir le monde. »
Un loup féroce aux troupeaux d'alentour
Cause, en hurlant, beaucoup moins d'épouvante
Que Jupiter, avec sa voix tonnante,
N'en-répandit dans la céleste cour.
Les dieux tremblaient d'être mis à la chaîne,
N'osaient répondre, et respiraient à peine.
Alors Vénus, lui donnant un baiser :
« Allons, mon père, il faut vous apaiser ;
« Chacun de nous a fait bien des folies ;
« Moi la première, et vous peut-être aussi.
« — Ah ! lui dit-il, les tiennes sont jolies ! »
Et d'un seul mot le voilà radouci.
L'instant d'après, Hébé lui verse à boire.
Ainsi le dieu, calme et désaltéré,
Prête l'oreille au conseil rassuré.
Chacun parla : chacun fut, à l'en croire,

Blanc comme neige. On avait à Thémis
Escamoté tous ses arrêts sinistres;
Mars et Minerve accusaient leurs ministres,
Plutus ses gens, Mercure ses commis.
« Absents ont tort, dit le maître du monde.
« Mais ce Phébus, à la crinière blonde,
« Le dieu des arts, ce sultan des neuf sœurs,
« Qui d'un beau siècle annonçait la merveille,
« Et dont la voix, souveraine des cœurs,
« Devait mener les humains par l'oreille,
« Les attendrir et les civiliser;
« Qu'a-t-il produit avec son beau génie,
« Son éloquence, et sa vaine harmonie?
« — Hélas! j'ai fait pour les apprivoiser
« Ce que j'ai pu, dit le dieu de la lyre;
« On s'instruisait en croyant s'amuser;
« Pour être sage, on n'aurait eu qu'à lire;
« Jamais le cœur ne fut plus éloquent,
« Jamais l'esprit n'eut un sel plus piquant;
« J'ai fait parler et Corneille et Molière;
« Au Champenois qu'aimait la Sablière,

« De mes pinceaux n'avais-je pas fait don ?
« N'avais-je pas, faveur plus singulière,
« Moi-même instruit Racine et Fénélon ?
« Après cela, plaignez-vous d'Apollon :
« Il a tout fait pour toucher, pour séduire ;
« En éclairant le monde, il l'a poli ;
« A vivre en paix il n'a pu le réduire ;
« Le marbre encor ne s'est point amolli.
« Enfin, ma seule et dernière espérance,
« Père des dieux, c'est la muse du chant :
« Qui peut l'entendre avec indifférence ?
« Des dons de plaire elle a le plus touchant ;
« Elle adoucit les tigres de la Thrace,
« Elle attendrit le Rhodope et l'Hœmus.
« Est-il des cœurs ou d'airain ou de glace,
« Qu'en soupirant elle n'ait point émus ?
« Mais Polymnie est timide et sensible ;
« Avec ses sœurs j'ai voulu l'envoyer
« Chez les humains ; j'ai tenté l'impossible ;
« Et les dégoûts qu'elle craint d'essuyer,
« A mes avis l'ont rendue inflexible.

« — De ce remède il faut donc essayer,
« Dit Jupiter : fais partir cette muse ;
« C'est me priver d'un talent qui m'amuse ;
« Mais un bon roi doit savoir s'ennuyer. »
Tout obéit quand Jupiter commande.
« Et sur quels bords faut-il que je descende ?
« Dit Polymnie ; allons, il faut choisir
« Quelque contrée où règne le plaisir.
« La Grèce, hélas ! mon aimable patrie,
« Par l'esclavage est dès long-temps flétrie ;
« De leur berceau les beaux-arts sont exclus ;
« Bords du Pénée, et vous rives fleuries
« Du beau Céphise, ô regrets superflus !
« Je cherche en vain ma retraite chérie ;
« On y gémit, et l'on n'y chante plus.
« Le Nord, en proie aux fureurs de la guerre,
« Sert de théâtre à de sanglants exploits ;
« Et les échos de ces sauvages bois,
« Où le dieu Mars fait ronfler son tonnerre,
« N'entendraient pas les doux sons de ma voix.
« La politique absorbe l'Angleterre ;

« Pour ses plaisirs il lui faut envoyer
« Des arts parfaits qu'elle n'ait qu'à payer :
« Tous les talents, sur les bords de la Seine,
« Sont rassemblés à la voix de Louis ;
« Et mes deux sœurs Thalie et Melpomène
« Ont à sa cour des succès inouis ;
« Mais du Français la vanité jalouse,
« Tient par caprice à l'erreur qu'elle épouse ;
« Et dans ses goûts ce peuple si léger
« N'est pas toujours en humeur de changer.
« Il prit pour moi je ne sais quelle fée
« Qui l'enivra des pavots de Morphée :
« Pour le tirer de cet enchantement,
« Il faut de loin l'éveiller doucement,
« Et, disposant son oreille à m'entendre,
« Solliciter sa faveur, mais l'attendre. »
Sur l'Italie alors fixant les yeux,
Elle aperçut ces champs délicieux
Qu'ont célébrés Théocrite et Virgile.
« Allons, dit-elle, habiter ces beaux lieux,
« Qui de mes sœurs furent deux fois l'asyle. »

Vers Pausilippe alors du haut des airs
Elle descend : deux palmiers toujours verts
Sur une tombe inclinent leur ombrage;
Le temps au marbre a gravé son outrage,
Mais de Virgile a respecté le nom.
A ce beau nom la déesse est émue;
Elle soupire, et dit : « Je te salue,
« Chantre divin d'Orphée et de Didon;
« Ah! ton génie en te rendant célèbre,
« Méritait bien de te rendre immortel.
« Reposons-nous sur ce marbre funèbre;
« Qu'il soit mon trône, ou plutôt mon autel. »
La muse alors prend sa lyre et prélude;
Tous les échos de cette solitude
Sont enchantés : c'était l'heure où la nuit
Déja commence à replier ses voiles,
L'heure où les morts qui reviennent sans bruit,
Jouir au moins de l'éclat des étoiles,
Vont tristement regagner leur réduit.
Lors donc qu'au ciel naissait l'aube vermeille
Au chant du coq, au moment où s'éveille

POLYMNIE.

Le laboureur, Polymnie aperçut
Trois beaux esprits qui s'avançaient vers elle;
Très-poliment la nymphe les reçut :
« Que voulez-vous de moi, mânes paisibles?
« Pourquoi quitter les bocages fleuris
« De l'Élysée? Ah! les cœurs nés sensibles
« Aiment toujours les lieux qu'ils ont chéris.
« Ce fut sans doute ici votre demeure;
« Sans doute encor l'amitié vous y pleure :
« A ce doux nom je vous vois attendris;
« Répondez-moi : je suis une déesse
« Sœur d'Apollon, muse et reine du chant;
« J'aime à vous voir, tout en vous m'intéresse;
« Jamais trois morts n'ont eu l'air plus touchant;
« Ombres, parlez; dites-moi qui vous êtes;
« Je sens pour vous je ne sais quel penchant;
« Parlez-moi donc ; ah! seriez-vous muettes?
« — Grace aux destins, nous ne le sommes pas,
« Dit l'un des trois, la rigueur du trépas
« Ne rend muets que les méchants poëtes;
« On daigne encor nous distinguer là-bas.

« Je suis Virgile. — Et moi, je suis le Tasse.
« — Moi, l'Arioste. — O gloire du Parnasse! »
S'écria-t-elle en leur tendant les bras,
Ainsi qu'Énée aux mânes de son père;
Mais, comme Énée, elle soupire, hélas!
De n'embrasser qu'une vapeur légère.
« Chantres divins, Pluton même adouci
« Fait donc pour vous fléchir la loi commune,
« Et vous permet de vous revoir ici.
« — Nous y venons, mais en bonne fortune,
« Répond Virgile. Auprès de mon tombeau,
« Dans ces bosquets, seuls au clair de la lune;
« Et tous les soirs c'est un plaisir nouveau.
« Amis sans fard, et rivaux sans envie,
« Nous rappelons le songe de la vie.
« Là, chacun dit ce qu'il fit de plus beau,
« Et tour-à-tour notre oreille est ravie.
« Mais quand le jour fait briller son flambeau,
« Nous nous quittons. — Délicieuses veilles!
« Dit la déesse. Il doit être bien doux
« Pour des rivaux, des amis tels que vous,

« De se charmer tour-à-tour les oreilles
« Des plus beaux vers, sans en être jaloux!
« — Jaloux de quoi? Du plaisir qu'on nous donne?
« Reprit le Tasse. Ah! qu'on est malheureux
« D'avoir un cœur que ce fiel empoisonne!
« Non, le génie est noble et généreux;
« Pour lui la gloire a plus d'une couronne.
« — Qu'on soit jaloux quand on est amoureux,
« Dit l'Arioste, et que d'une Angélique
« On s'est flatté d'être l'amant unique,
« Je le conçois; on n'en aime pas deux
« Aussi bien qu'un; le partage nous pique :
« Mais de la Gloire envier les faveurs,
« C'est du soleil envier la lumière.
« Tout le Parnasse est parsemé de fleurs,
« Chacun en prend de toutes les couleurs,
« Sans regretter l'éclat de la première;
« Et, deux mille ans après les moissonneurs,
« Il en renaît sous la main des glaneurs.
« Mais, à propos de gloire et de génie,
« Dites-moi donc, brillante Polymnie,

« Qui vous amène aux bords napolitains?
« Depuis le temps que la Grèce captive
« Vit de vos sœurs la troupe fugitive
« Se retirer chez les peuples latins,
« De vous revoir on n'a pas eu la joie.
« — Hélas! dit-elle, aujourd'hui l'on m'envoie
« Pour adoucir le monde et le calmer.
« On est meilleur quand on est plus sensible;
« Et par mes chants je viens, s'il est possible,
« Persuader aux humains de s'aimer.
« J'aurais voulu, poursuivit l'immortelle,
« Que votre muse eût secondé mes chants;
« Dictés par elle, ils en sont plus touchants:
« Je fus jadis sa compagne fidèle;
« Elle traçait, je suivais mon modèle:
« Sans cet accord, mes sons inanimés
« Ne sont jamais qu'un stérile ramage!
« Du sentiment la véritable image,
« C'est de beaux vers par le chant exprimés.
« Malheur à moi, si jamais le chant roule
« Sur les écueils d'un style entrecoupé;

« Parmi les fleurs je demande qu'il coule,
« Comme un ruisseau de sa source échappé.
« Je hais la gêne, et mon art s'y refuse.
« Dites-moi donc où peut être la muse
« Qui vous dicta ses vers harmonieux?
« — On dit qu'en France elle a peint mon Armide,
« Répond le Tasse, et l'a peinte encor mieux.
« — J'y veux aller. — Non, restez en ces lieux :
« Un jeune enfant, dont un sage est le guide,
« Y va bientôt ressusciter Didon ;
« De l'harmonie il a reçu le don ;
« Son style est doux, noble, pur et limpide ;
« Nul sur les cœurs n'aura plus de pouvoir.
« Plus on l'entend, plus on aime à l'entendre.
« Par lui bientôt, muse, vous allez voir
« Dans l'univers votre empire s'étendre :
« C'est Métastase. » A ces mots, le jour luit,
Et le trio disparaît et s'enfuit.

POLYMNIE.

CHANT DEUXIÈME.

SOMMAIRE

DU DEUXIÈME CHANT.

Polymnie arrive à Rome, et assiste à une représentation, elle accueille Métastase avec la plus grande distinction; elle se rend ensuite à Naples et à Venise. Elle donne une leçon de musique au jeune Vinci, dont les heureuses dispositions la frappent et l'étonnent; elle lui dévoile tous les secrets de son art, et lui adresse, pour ainsi dire, la poétique du chant.

POLYMNIE.

CHANT DEUXIÈME.

L'astre du jour dans sa course rapide,
Suivant de près l'Aurore au front riant,
Sur les sillons de la mer d'Orient,
De sa lumière épanchait l'or liquide;
Ses feux lancés dans le ciel le plus pur
Rayaient au loin ce grand voile d'azur;
Et des volcans la flamme pâlissante
Semblait s'éteindre à sa clarté naissante.
C'est dans ce calme et du ciel et des mers,
Qu'un son divin fait retentir les airs.
Naples s'éveille; et d'une course agile
Son peuple vole au tombeau de Virgile;
Il voit la muse, il en est enchanté :

« Nymphe ou déesse, étonnant phénomène,
« Venez, dit-il, qu'en triomphe on vous mène.»
La lyre en main, la muse descendit :
Tout Parthénope à ses chants applaudit.
Ce ne sont point les cris d'une mégère,
Ni ce lugubre et long mugissement
Qu'Io plaintive adresse à son amant ;
Sa voix flexible, et touchante, et légère,
Flatte l'oreille en déchirant le cœur.
Un charme pur et doucement vainqueur
Se mêle au son échappé de sa bouche ;
Tout s'embellit par son art ravissant ;
Et sous ses doigts la corde qu'elle touche,
Écho de l'ame, en répète l'accent.
L'émotion, le plaisir, l'allégresse,
Redouble alors et se change en ivresse :
Sur le rivage, alentour du volcan,
Comme un éclair la nouvelle circule.
La renommée en vole au Janicule ;
La cour de Rome en parle au Vatican ;
On veut y voir cette jeune merveille ;

Mais au seul nom de nymphe d'opéra,
Du bon Clément le scrupule s'éveille;
Et dès qu'à Rome elle débutera,
Tout le conseil de la gent moliniste
Craint les pamphlets du parti janséniste :
« Et moi, je tiens, répond un cordelier,
« Qui du beau sexe est le preux chevalier,
« Et moi je tiens que la grace moyenne
« Peut convertir une muse païenne;
« Qu'il faut toujours accueillir les talents,
« Et que les saints doivent être galants.
« — Il a raison, dit Annibal Albane;
« Sur les talents je pense comme lui;
« Tout ce qui plaît est bon : rien n'est profane
« Que la laideur, la sottise et l'ennui. »
Son jeune frère, Alexandre, décide
Qu'une Sapho peut valoir un Ovide.
« Laïs, dit-il, Aspasie et Phryné
« Ont d'Éleusine entonné les cantiques;
« On voit Corine, aux fêtes olympiques,
« Gagner le prix aux beaux-arts destiné.

« Ramenons-les, ces usages antiques,

« Imitons-les, ces Grecs ingénieux;

« Par les plaisirs étendons nos conquêtes;

« Flattons l'oreille, intéressons les yeux,

« Parlons aux sens, et régnons par des fêtes. »

Clément céda, non sans quelque façon.

Dans ses plaisirs il garda la décence;

Et, pour avoir un faux air d'innocence,

La muse vient déguisée en garçon;

Au-devant d'elle accourut Métastase;

Il en reçut la première leçon :

Le vers, le chant, tout fut à l'unisson,

Et Rome entière en était en extase.

De ce prodige incroyable, inouï,

Venise apprit que Rome avait joui.

« Ah! de lauriers une moisson plus ample

« L'attend ici : qu'elle y vienne. On nous dit

« Qu'elle est déesse; elle aura donc un temple. »

Et le sénat en décerna l'édit.

Il s'éleva ce temple magnifique;

Il s'éleva comme un palais magique.

POLYMNIE.

En le payant tout le monde applaudit,
Car le plaisir est la cause publique.
La muse arrive : elle vogue en chantant
Jusqu'à ce temple où le doge l'attend;
Un art modeste, un goût pur la décore.
Là, cent beautés alentour de quinze ans,
Comme on nous peint la prêtresse de Flore,
Fixent d'abord ses regards complaisants :
Traits réguliers ou minois séduisants,
OEil vif et doux, voix flexible et sonore,
Cœur né sensible et tout naïf encore,
De la nature enfin tous les présents
N'attendent plus que ses soins bienfaisants.
« Voilà des fleurs que vous ferez éclore,
« Lui dit le doge; et d'un temple habité
« Par cette vive et brillante jeunesse,
« Muse du chant, le sénat s'est flatté
« Qu'avec plaisir vous serez la déesse. »
Le culte plut à la divinité.
Dès ce moment, elle fit ses délices
D'habituer leurs voix encor novices

A ce beau son qui de l'ame exhalé,
Égal et pur comme un trait de lumière,
Devient un chant dès qu'il est modulé,
Sans perdre rien de sa clarté première.
Jamais de cris, même dans les éclats;
Jamais d'efforts, la grace n'en veut pas.
Un naturel toujours simple et facile :
L'art nous déplaît dès qu'il est indocile.
Peu d'ornements; la naïve beauté
Disparaîtrait sous un luxe affecté.
Jamais le chant n'est que l'accent de l'ame;
Il doit avoir le brillant de la flamme;
Il doit encore en avoir la chaleur.
Vif et léger quand la gaieté l'anime,
Dans la colère éclatant et sublime,
En gémissant il peindra la douleur;
Ainsi, toujours de nuance en nuance,
Du doux au fort passant avec aisance,
Des passions il prendra la couleur.
Dans ses leçons, tandis que Polymnie
Révèle ici les secrets du génie,

Naple est en deuil; Naple croit pour toujours
Avoir perdu la muse, ses amours.
Quoi! pour jamais Venise nous l'enlève!
Et de quel droit? Est-ce un culte immortel
Qu'elle demande? Ah! qu'un temple s'élève,
Et que le sang coule sur son autel!
Quel sang, ô dieux! Fuis, crédule innocence,
Échappe aux mains qui te veulent saisir...
Faibles enfants, pleurez votre naissance...
Ah! c'est trop cher acheter du plaisir.
Toi que leur cri fit voler en Sicile,
Muse, dis-moi comme on peut décemment
Peindre et voiler ce cruel dévouement.
Voiler et peindre est un art difficile;
Toi-même, après un regard curieux,
En rougissant tu détournes les yeux;
Et t'adressant au fatal aruspice,
Qui travaillait à te rendre propice :
« N'achevez pas, cruel! je le défends! »
Et tu baisas tous ces pauvres enfants.
Flattés par elle, innocents, peu sensibles

A leur malheur, ils croissaient dans le sein
De la déesse en émules paisibles,
Et s'élevaient autour d'un clavecin.
L'art de saisir l'infaillible justesse
D'un son donné par ces fibres d'airain,
L'art d'égaler, de passer en vîtesse,
L'ivoire agile où voltige la main,
De parcourir cette échelle brillante
Que la nature a marquée au compas,
D'y reposer la voix à chaque pas,
Mais pleine, égale, et jamais vacillante;
L'art plus exquis de fléchir à son gré
Tous les accents d'une voix accomplie,
Et d'exprimer, dans son juste degré,
Le sentiment dont une ame est remplie;
Cet art magique, et qui semble inventé
Pour ajouter un charme à la nature,
D'un nouveau monde animer la peinture,
Et de l'oreille à l'esprit enchanté
Faire passer une douce imposture,
Est le secret depuis long-temps voilé,

Qu'à ses enfants la muse a révélé.
Mais parmi ceux dont le mâle génie
Vient d'échapper au sacrificateur,
Il en est un qu'a choisi Polymnie,
Pour l'animer de son feu créateur :
« Viens, lui dit-elle, et m'écoute en silence;
« Heureux Vinci : tu seras inventeur;
« Et c'est par toi que mon règne commence. »
Le jeune enfant, que cet espoir ravit,
Prête l'oreille, et se tient immobile.
« Parle, dit-il, je brûle d'être habile;
« — Lorsque à tes yeux, la rose, ou l'anémone
« S'épanouit; quand les dons de Pomone,
« Le doux raisin, la pêche au teint vermeil,
« Sont colorés aux rayons du soleil,
« Tu crois jouir de la simple nature.
« Apprends, mon fils, que la fleur, que le fruit,
« Tient sa beauté d'une lente culture;
« Que la nature a d'abord tout produit,
« Négligemment comme le fruit sauvage,
« Comme la fleur des champs et des buissons;

« Et que plus riche, et plus belle, et plus sage,
« Elle doit tout à l'heureux esclavage,
« Où la tient l'art formé par ses leçons.
« Oui, son disciple est devenu son maître :
« En l'imitant, il sait la corriger;
« Il suit ses pas pour mieux la diriger;
« Il rend meilleur tout ce qu'elle fait naître,
« Et l'avertit de ne rien négliger.
« C'est par ses soins qu'est devenu fertile
« Le beau, le bon, l'agréable et l'utile.
« Du laboureur écoute la chanson :
« Elle ressemble au fruit de ce buisson;
« Et cette fleur pâle, simple, inodore,
« Qui, sous la faulx, tombe avec la moisson,
« Je l'avais prise inculte à son aurore,
« Ce fruit sauvage est pour moi précieux.
« Je le cultive, il croît, il se colore;
« Je le cultive, il s'embellit encore;
« Le voilà mûr, il est délicieux.
« Imite-moi : sous un orme où l'on danse,
« Tu vois souvent Philémon et Baucis

« Sauter ensemble! Un pas lourd, mais précis,
« Marque le nombre, et note la cadence.
« Le mouvement, dans les sons de la voix,
« A pour l'oreille un attrait qui l'enchante.
« Dans ses forêts le sauvage qui chante,
« Fidèle au rhythme, en observe les lois.
« Tel est le chant, même dès sa naissance;
« Garde-toi bien, par l'erreur aveuglé,
« De lui donner un moment de licence;
« Comme un pendule, il doit être réglé,
« Et la mesure en est l'ame et l'essence.
« Ce n'est pas tout : suspendus à-propos,
« Ses mouvements sont mêlés de repos.
« Ainsi les sons, liés en période,
« Auront leur cercle aussi-bien que les mots;
« Va, mon enfant, laisse dire les sots :
« Comme l'esprit, l'oreille a sa méthode.
« On te dira qu'un style mutilé,
« Dur, raboteux, dissonnant, ampoulé,
« A la nature est un chant qui ressemble,
« N'en crois jamais que l'oreille et l'instinct,

« Qui d'un chant pur, analogue et distinct,
« A préféré la rondeur et l'ensemble ;
« Le grand problême et l'écueil de mon art,
« C'est le *motif*, c'est ce coup de lumière,
« Ce trait de feu, cette beauté première,
« Que le génie obtient seul du hasard :
« Un long travail peut donner tout le reste.
« Par des calculs on aura des accords ;
« Avec du bruit, on remuera les corps ;
« Mais la pensée est comme un don céleste,
« Je la réserve à mes vrais favoris ;
« Je te la donne à toi, que je chéris.
« Un maladroit quelquefois la rencontre ;
« Mais il la gâte ou la laisse échapper ;
« L'esprit, le goût, l'habileté se montre
« Dans le talent de la développer.
« D'un dessin pur l'unité variée,
« Un tour facile, élégant, arrondi,
« Un essor libre et sagement hardi,
« Et la nature avec l'art mariée :
« Voilà le chant par les dieux applaudi. »

POLYMNIE.

CHANT TROISIÈME.

SOMMAIRE

DU TROISIÈME CHANT.

L'élève de Polymnie, le dépositaire de ses secrets, Vinci se livre à l'étude de son art avec une telle ardeur, qu'il tombe malade et meurt d'épuisement; la déesse pleure et fait disposer pour lui de superbes funérailles. Hasse et Leo voyant que Polymnie est dans la plus vive affliction, lui promettent de faire tous leurs efforts pour la consoler, elle leur sourit, mais ils sont bientôt éclipsés par Pergolèze, qui à son tour reconnaît pour vainqueur Durante; ce génie musical forme de brillants élèves qui surpassent leur maître; parmi eux on distingue Traetta, Sacchini et Piccini; c'est pour ce dernier que le poëme de Polymnie a été composé.

POLYMNIE.

CHANT TROISIÈME.

Dans le délire où son ame est ravie,
Vinci compose, et ses brillants essais
Vont s'élevant de succès en succès.
C'en fut assez pour désoler l'Envie :
Car elle hait tous les biens de la vie.
Tous les heureux le sont à ses dépens ;
Elle frémit, irrita ses serpents,
Les fit siffler, parcourut l'Italie,
De tout côté souleva des jongleurs,
Des bateleurs et de vils cabaleurs ;
Mais en tout lieu rebutée, avilie,
Elle vit Rome, et Florence, et Milan,
Naple et Venise applaudir au génie ;

Et l'art du chant, vainqueur de l'Ausonie,
Tint sous ses lois le Tibre et l'Éridan.
L'Envie alors, plus cruelle et plus noire :
« Il faut, dit-elle, effrayer pour toujours
« Tous les talents amoureux de la gloire. »
Et du jeune homme elle attaqua les jours :
Un poison lent dans ses veines s'allume ;
Pâle et mourant, il languit desséché,
Comme un pavot sur sa tige penché,
Quand du midi la chaleur le consume ;
Et, de la muse adorateur constant,
Comme le cygne, il expire en chantant.
A ce récit, la muse désolée,
Laissant tomber la lyre de sa main,
Les yeux en pleurs, la tête échevelée,
Part, vole, arrive ; ô spectacle inhumain !
Son jeune amant sans couleur et sans vie !
« Il a péri victime de l'Envie, »
S'écria-t-elle, en accusant les dieux ;
Et ce cri même était mélodieux.
Pour rendre hommage à ce chantre célèbre,

POLYMNIE.

On l'honora du convoi le plus beau ;
Et, se cachant sous un voile funèbre,
L'Envie alla gémir sur son tombeau.
Mais, ni les pleurs dont sa cendre est baignée,
Ni des plaisirs le silence et le deuil,
Ni des Amours la Grace accompagnée,
Semant des fleurs alentour du cercueil :
Rien n'adoucit la déesse indignée ;
Loin de ces bords elle veut s'en aller.
Vinci n'est plus : qui la peut consoler ?
Comme la muse, en montant sur sa nue,
Allait chercher quelque rive inconnue,
Où le talent ne fît point de jaloux,
Deux écoliers embrassant ses genoux,
L'un d'eux lui dit, d'une voix ingénue :
« Hé quoi ! déesse, allez-vous nous quitter ?
« Hasse et Léo se flattaient de vous plaire.
« De vos bienfaits ils voulaient s'acquitter.
« Hélas ! du moins, voyez-nous sans colère.
« Si nous perdons l'astre qui nous éclaire,
« Dans quelle nuit nous allons demeurer

« Heureux Vinci, la gloire est ton salaire;
« Ce n'est pas toi, c'est nous qu'il faut pleurer. »
A ce discours, deux longs ruisseaux de larmes
Attendrissaient leurs regards suppliants;
Et la déesse y voyait tant de charmes,
Qu'elle embrassa ses timides clients.
« Je resterai : consolez-moi, dit-elle;
« Puisse l'Envie épargner vos destins!
« Souvenez-vous que sa coupe est mortelle,
« Et pour vieillir, évitez ses festins. »
Tels qu'on entend, sous la verte feuillée,
Deux rossignols s'animer à l'envi,
Quand des oiseaux la foule émerveillée
Prête l'oreille à leur brillant défi;
Nobles rivaux, tandis que l'un éclate,
L'autre attentif et le cœur palpitant,
D'un plaisir pur tressaille en l'écoutant,
Et, pour répondre au beau son qui le flatte,
Médite un son encor plus éclatant;
Tels au milieu d'une foule ravie,
Hasse et Léo, pleins d'émulation,

Mais tous les deux au-dessus de l'envie,
Dans une douce et vive émotion,
Se disputaient, s'enlevaient la louange,
Se la rendaient par acclamation ;
Et ce rapide et glorieux échange,
De tous les deux comblait l'ambition.
On ne vit point une troupe servile
De charlatans, barbouilleurs de pamphlets,
De l'un des deux moins amis que valets,
Livrer à l'autre une guerre incivile.
Un trouble, hélas ! beaucoup plus dangereux
Que de vains bruits, que d'obscures cabales,
S'élève au sein de ce repos heureux.
De sa Faustine Hasse était amoureux,
Et sur la scène elle avait des rivales.
Elle eût voulu, pour les mieux effacer,
Des airs légers, où voltigeant sans cesse,
Sa voix brillante égalât en vîtesse
L'éclair que l'œil à peine a vu passer.
Hasse avait beau vanter la mélodie
D'un chant plus vrai, plus simple, et plus touchant,

« Et que me fait, lui disait-elle, un chant
« Où j'entendrai ma rivale applaudie ?
« A m'affliger mon époux s'étudie ;
« Il ne fait rien, jamais rien pour ma voix.
« Écoutez-la cette voix qui défie
« Le violon, la flûte, le hautbois :
« Voilà des sons ; mais, hélas ! je le vois,
« On me néglige et l'on me sacrifie.
« N'est-il donc plus notre brillant modèle ?
« Ah ! sur un son si je puis voltiger,
« Bien mieux que toi je chanterai, dit-elle. »
Et, comme lui gazouillant sa douleur,
Faustine alors déplora son malheur.
« Que faites-vous, ô ma chère Faustine ?
« Lorsqu'on se plaint est-ce ainsi qu'on badine ?
« Ah ! dédaignez ce luxe ambitieux ;
« Le pur accent de cette voix divine,
« L'accent de l'ame est bien plus précieux !
« — Va, lui dit-elle, ôte-toi de mes yeux :
« Je sais pourquoi ton lâche cœur s'obstine
« A me déplaire, à me contrarier.

POLYMNIE.

« Hélas! aussi pourquoi se marier? »
Dans le ménage alors guerre intestine;
L'époux céda. Dans un chant brillanté
Il prodigua les trésors de son style.
Encore hélas! sut-il en homme habile
A la richesse allier la beauté.
Mais le succès qu'obtint la nouveauté,
De faux brillants fut la source fertile;
Vice applaudi n'est que trop imité :
De ce malheur la muse se désole;
Et, s'en allant pleurer à son école,
Elle aperçoit un de ses nourrissons,
Sur le clavier méditant ses leçons :
« O toi, dit-elle, en qui l'esprit et l'ame
« Semblent si purs, aimable adolescent
« Qui du génie as respiré la flamme,
« Va te montrer comme un astre naissant;
« Et, du faux goût détruisant l'imposture,
« Ramène l'art auprès de la nature.
« Elle permet quelques brillants éclats;
« Mais l'homme chante, et ne gazouille pas.

« Comptez sur moi, répondit Pergolèze.
« La vanité, le caprice léger,
« Le goût du temps, ce tyran passager,
« N'obtiendra rien de moi qui vous déplaise. »
Il tint parole : unique en sa beauté,
Comme Corrége, il en eut le génie ;
Et dans son chant et dans son harmonie,
Il fut sublime avec simplicité.
Mais son éclat fatigua peu l'envie.
Son plus bel âge est flétri dans sa fleur ;
Il va s'éteindre, il va perdre la vie.
Muse éplorée, à ce nouveau malheur,
Par le destin tu te crus poursuivie ;
Tu succombais à ta vive douleur,
Lorsqu'un vieillard qui, fidèle à ton culte,
Avait sans cesse accompagné tes pas,
Vint de tes sens appaiser le tumulte.
Tel qu'on nous peint ou Nestor ou Calchas,
En cheveux blancs, en tunique flottante,
A tes genoux tu vis tomber Durante.
« Muse, dit-il, ne vous désolez pas

POLYMNIE.

« D'un Jomelli regardez la jeunesse,
« Maio s'élève, et malgré ma vieillesse,
« J'espère un jour vous donner mieux encor :
« Car le talent ressemble au rameau d'or ;
« Qu'on le cultive, il renaîtra sans cesse. »
Ainsi parla le lyrique Nestor.
Une immortelle aisément se désole ;
Une immortelle aisément se console ;
Témoin Vénus à la mort d'Adonis.
De celle-ci les regrets sont finis.
L'espoir renaît, et les larmes tarissent ;
De tout côté ses écoles fleurissent ;
De tout côté vingt théâtres rivaux,
De ses enfants couronnent les travaux.
A Porpora Léo transmet sa flamme.
Jomelli chante, et son guide est son ame.
Génie heureux, prends garde, en t'élevant,
D'être moins beau pour être plus savant.
Mais ce n'est pas seulement par tes plaintes,
Muse du chant, que les cœurs sont émus.
Tu peins la joie, et Thalie et Momus

T'ont dû souvent le succès de leurs feintes.
Combien de fois ton orchestre éloquent
A relevé la bassesse du drame !
Combien de fois un coup d'archet piquant,
Au ridicule a dardé l'épigramme !
Ainsi dès-lors tu donnais à choisir
D'un chant sublime, ou touchant, ou folâtre;
Et tour-à-tour, en changeant de théâtre,
On ne faisait que changer de plaisir.
Tu ne peux plus suffire aux vœux du monde;
Les rois entre eux vont se faire un larcin
Des belles voix dont l'Italie abonde.
Sous Bernacchi s'élève un jeune essaim
D'Athys nouveaux qui par-tout se répandent.
L'Èbre, le Rhin, la Néva, les attendent.
De Porpora le goût sévère et pur
Forme la voix à vingt jeunes canentes,
Qui, des dortoirs de leur asyle obscur,
Vont, sur un char, s'élancer rayonnantes;
Blesser les cœurs d'un trait rapide et sûr,
Donner son culte à l'Europe soumise,

Et sur les bords de la fière Tamise,
Attendrir l'ame à l'Anglais le plus dur.
Enfin Durante, accablé de vieillesse,
Vient présenter à la chaste déesse
Trois beaux enfants qu'il appelle jumeaux;
« Muse, dit-il, prépare trois rameaux
« De ce laurier qu'au génie on réserve.
« De ces enfants je connais bien la verve ;
« Et de tous ceux que vous avez pressés
« Dans votre sein, aucun ne les efface.
« J'hésiterais à leur marquer leur place :
« Ils sont jumeaux, c'est vous en dire assez.
« —Ah! bon vieillard, que j'aime à vous entendre!
« Oui, chers enfants, croissez, embellissez :
« Je les connais, dit-elle : en mère tendre,
« Plus d'une fois je les ai caressés.
« Dites-leur bien que le don le plus rare,
« C'est un chant pur, qu'il le faut varier,
« Sans que jamais il soit dur ou bizarre;
« Et, fussent-ils chez un peuple barbare,
« Que rien jamais ne les force à crier. »

Ces trois rivaux, devenus si célèbres,
Étaient, je crois, Traëtta, Sacchini,
Et toi, sensible et riant Piccini,
Cygne odieux à des hiboux funèbres.
Dans ce moment le vieillard s'attendrit,
Les embrassa, doucement leur sourit.
« Adieu, dit-il, adieu, jeune immortelle;
« J'ai déposé mes aiglons sous votre aile;
« Je suis content, je vais mourir en paix.
« Puisse, après moi, le don que je vous fais,
« Me rendre cher à la race nouvelle. »

POLYMNIE.

CHANT QUATRIÈME.

SOMMAIRE

DU QUATRIÈME CHANT.

Polymnie voyant son culte bien affermi dans tous les pays de l'Europe, se décide à visiter la patrie de Racine; elle traverse les Alpes, et se rend en Suisse chez Voltaire; elle le félicite sur ses ouvrages et sur sa réputation qui a parcouru le monde entier, et lui annonce son projet d'aller en France; Voltaire ne lui cache pas qu'elle aura pour rivale la fée Mélusine, dont les cris sont en vogue à l'Opéra français. Elle arrive dans la capitale; description de Paris; elle se fait présenter à Mélusine sous les traits d'une bouffonne; dès ce moment la guerre est déclarée; noms des combattants; la déesse de l'harmonie, qui ne peut s'accoutumer à la voir troubler par des injures, des épigrammes, des pamphlets, et des duels, veut quitter la France; mais on lui représente qu'elle a pour partisans les hommes les plus spirituels et les plus éclairés, et elle consent à rester.

POLYMNIE.

CHANT QUATRIÈME.

Quand Polymnie, après tant de revers,
Vit son empire embrasser l'univers,
Elle tourna ses regards vers la France.
« Hé quoi! dit-elle, un pays où mes sœurs
« Ont attendri, captivé tous les cœurs,
« Est-il pour moi fermé sans espérance?
« Russes, Germains, Anglais, sont mes amis;
« Et des beaux-arts le Français idolâtre,
« M'aurait lui seul interdit son théâtre! »
Non, peuple heureux, tu me seras soumis.
Au même instant, sur les Alpes blanchies,
Elle s'élance, et les voilà franchies.
Déja son vol, mollement abaissé,

Rase les flots du beau lac de Genève.
De son rivage un doux parfum s'élève.
Ah! sur ces bords quelque muse a passé :
On y respire un air de poésie ;
Ou quelque dieu dans sa course a laissé
Sur l'horizon cette odeur d'ambroisie.
Au bord du lac, dans un lieu révéré,
Près de l'abyme où le Rhône s'épanche,
Elle aperçoit un temple, un bois sacré,
Et dans ce bois un prêtre à barbe blanche,
La lyre en main, le front ceint de lauriers,
Chantant l'amour, les belles, les guerriers.
« Ah ! c'est Voltaire, et je suis aux *Délices*,
« S'écria-t-elle : oracle des Français,
« Il peut de loin seconder mes succès,
« Et mon voyage a d'heureuses prémices.
« Allons le voir. » Le vieillard gracieux
Vint l'accueillir : « Soyez la bien venue,
« Jeune beauté. Je suis déja bien vieux ;
« Vous venez voir une tête chenue ;
« C'est un peu tard, mais la grace ingénue

POLYMNIE.

« Plaira toujours à mes débiles yeux.
« D'où venez-vous ? Descendez-vous des cieux ?
« Car, à vous voir, adorable inconnue,
« On vous croirait quelque fille des dieux.
« — Et je le suis. Mon nom est Polymnie.
« — Vous Polymnie ? — Et des sœurs d'Apollon,
« Je suis la seule, ô sublime génie,
« Qui ne connut Voltaire que de nom.
« Ah! tous les jours, dans le sacré vallon,
« Je les entends se disputer les charmes
« De ces écrits dont on n'est jamais las.
« En vous lisant, l'une verse des larmes;
« L'autre sourit, l'autre rit aux éclats.
« Homme étonnant! Enfin, je vous contemple
« Est-ce bien vous ? Suis-je bien dans ce temple
« Où d'Apollon le grand-prêtre inspiré,
« De chez les rois sagement retiré,
« De tout un siècle est la gloire et l'exemple!
« Quelle carrière! et combien de sentiers!
« Qui réunit jamais tant de merveilles!
« Pour égaler le beau fruit de vos veilles

« Il faut un monde et des siècles entiers.
« — Fille du ciel, répond le solitaire,
« Vous me parlez d'un songe assez flatteur.
« Il est passé. Le laboureur Voltaire
« N'aspire plus qu'au nom de bienfaiteur.
« D'un nouveau peuple il veut être le père,
« Et de ses soins si l'ouvrage prospère,
« Comme Amphion, il sera fondateur.
« Mais vous, déesse, on dit qu'en Italie
« Vous triomphez, et que dans vingt climats
« Par vos accents la scène est embellie.
« Puis-je savoir où vous portez vos pas?
« — Je vais en France. — Hélas! dans ma patrie,
« On n'applaudit qu'au moment où l'on crie;
« Et si je puis douter de vos succès,
« Je crains pour vous l'oreille des Français.
« N'avez-vous pas, sur la double colline,
« Ouï parler des cris de Mélusine?
« — Jamais. — Eh bien! cette fée, autrefois,
« Fut condamnée à vivre dans les bois
« De Lusignan, (ce beau nom dans l'histoire

POLYMNIE. 221

« Est fort célèbre). — Il l'est pour votre gloire,
« Répond la muse, et Voltaire poursuit :
« — Près du château, rôdant toute la nuit,
« Elle annonçait, par des clameurs sinistres,
« La mort des rois, le renvoi des ministres,
« De la maîtresse, ou bien du favori.
« Nouveau malheur, c'était un nouveau cri.
« Plus de sommeil. Une lieue à la ronde
« Ses cris perçants effrayaient tout le monde.
« La peur allait dépeupler ce canton ;
« Lorsque, touché de ce malheur énorme,
« Le ciel, qui veut que le laboureur dorme,
« Fit éloigner la nouvelle Alecton.
« Or, savez-vous quelle fut sa retraite ?
« Paris.— O ciel! votre temple! — On l'y traite
« En souveraine; elle y donne le ton.
« — Et voilà donc ma funeste rivale !
« — Attendez-vous à d'horribles clameurs.
« Des corridors je prévois la cabale,
« Et du foyer je crains bien les rumeurs.
« Me croirez-vous, reprit-il : la saillie

« Est du Français toujours bien accueillie.
« Tout réussit à qui sait l'amuser ;
« Et sous les traits d'une aimable folie,
« Pour lui complaire, il faut vous déguiser.
« J'ai des bouffons, arrivés d'Italie,
« (Car à mon âge il faut bien s'égayer.)
« Sur mon théâtre on peut les essayer.
« L'acteur est bon ; la chanteuse est jolie.
« Emmenez-les. Peut-être à l'Opéra,
« En vous voyant, on croira voir Thalie ;
« Et sous le masque on vous applaudira.
« —Je le veux bien, dit la muse. » On lui montre
Le pantomime et joyeux Manelli,
La sémillante et fine Tonnelli.
En beau présage elle prend leur rencontre,
Et les enrôle au moment du départ.
Dans leurs adieux la tirant à l'écart :
« Muse, lui dit le vieillard agricole,
« Parlons un peu de population.
« N'aurai-je pas la consolation
« De voir cesser le tort que votre école

POLYMNIE.

« Fait à l'amour ; ce luxe raffiné
« Eût été bon chez les tyrans d'Asie ;
« Mais, dites-moi, par quelle fantaisie
« On veut dans l'homme un chant efféminé?
« Quoi ! sans pitié, se peut-il qu'on mutile
« Un Alexandre, un César, un Camille?
« Que vous ont fait les plus grands des humains?
« Ah! croyez-moi : ces Grecs et ces Romains
« Avaient la voix aussi forte que l'ame ;
« Laissez-leur donc et leur ame et leur voix.
« Avant les arts, la nature a ses droits.
« Sur-tout, déesse, épargnez le bas âge
« De nos Français. Chez ce peuple courtois,
« Rien de cruel ne peut être en usage.
« Heureusement pour plus d'une beauté,
« A Géliotte on n'avait rien ôté ;
« En est-il moins un Atys admirable?
« — Rassurez-vous, ô vieillard vénérable,
« Dit Polymnie. On fait souvent aux dieux
« Bien des présents qui leur sont odieux. »
Encouragé par cet aveu sincère,

« Muse, dit-il, encore une prière :
« Daignez laisser tout son enchantement
« A l'Opéra, lieu magique et charmant,
« *Où les beaux vers, la danse, la musique,*
« *L'art de tromper les yeux par les couleurs,*
« *L'art plus heureux de séduire les cœurs,*
« *De cent plaisirs font un plaisir unique.*
« La tragédie a son trône à Paris.
« Nous arracher des larmes et des cris,
« C'est son partage. Elle est terrible et sombre;
« C'est son génie. Elle ne permet pas
« Que les plaisirs accompagnent ses pas.
« Sur des tombeaux elle gémit dans l'ombre.
« Laissez-la donc aux pleurs s'abandonner.
« De temps en temps vous serez sa rivale;
« Mais votre plainte aura quelque intervalle,
« Et les amours viendront vous couronner.
« Toujours austère, en sa mâle énergie,
« Elle n'a pas de fête à nous donner.
« Son éloquence est sa seule magie.
« Sur son théâtre, où règne le malheur,

« On n'attend pas ces doux moments de joie,
« Ce calme heureux où l'ame se déploie,
« Où l'espérance interrompt la douleur.
« Vous vous plaisez à cet heureux mélange ;
« A tout moment vous voulez que tout change.
« De vos tableaux conservez la couleur.
« En sons notés faire mugir Oreste,
« Changer OEdipe en acteur d'opéra,
« La coupe en main faire chanter Thyeste,
« C'est faire un monstre, et quelqu'un le fera.
« Ce n'est pas tout : le Welche applaudira ;
« Et, si le goût n'y met d'heureux obstacles,
« Sur les débris de nos deux grands spectacles,
« La barbarie enfin triomphera.
« — Soyez en paix, si c'est moi qui domine ;
« Mon règne est doux, et mon cœur est humain. »
La muse alors, sous les traits de Zerbine,
Et d'un chapeau coiffée en pèlerine,
Le nez en l'air, la marotte à la main,
Baise Voltaire, et se met en chemin.
Lyon sans doute est charmant à décrire ;

Et de Saint-Clair les beautés ont leur prix :
Je le sais bien ; mais, tandis que j'écris,
La muse vole, et me presse de dire
Qu'avec sa troupe elle arrive à Paris.
De ce Paris que l'image nous trompe !
Comme on exalte et son faste et sa pompe !
Comme on s'en fait un magique tableau !
Dans le lointain l'on y voit tout en beau.
Point de tristesse, encor moins d'indigence ;
Luxe et plaisirs, jeux et fêtes par-tout ;
L'or à foison ; les arts d'intelligence
Tous occupés à flatter le bon goût :
Les doctes sœurs y vivant en amies ;
Point de brouillons dans les académies ;
Le bel esprit amoureux des talents ;
La scène riche en acteurs excellents ;
Par-tout des mœurs élégamment polies ;
Tous gens instruits, toutes femmes jolies ;
Des soupers fins pétillants de bons mots ;
Jamais d'ennui, nul accès pour les sots :
Bien entendu qu'un bon édit du prince

Les aura tous relégués en province.
Mais on arrive, et l'on voit que l'édit
Est suspendu par des gens en crédit;
On voit qu'au lieu d'une simple ignorance,
C'est une noble et tranquille assurance;
Jugeant de tout sans avoir rien appris;
Au vrai mérite escamotant le prix,
Et l'accordant au premier imbécille
Qui devant elle incline un front docile.
On voit aussi que ce Paris fameux
N'est guère moins ennuyé qu'ennuyeux;
Que la tristesse habite un palais vaste;
Que l'avarice y loge avec le faste;
Que ce beau monde a le goût des hochets;
Que tout son luxe est en colifichets :
Et cependant au portique, au théâtre,
Plus vains que lui nous briguons sa faveur :
Point de talent qui n'en soit idolâtre;
Et Polymnie a la même ferveur.
A Mélusine annoncée en bouffonne,
Elle demande à donner en passant

Quelque intermède, et la fée y consent.
Elle débute; aucun ne la soupçonne,
Car elle a pris les traits de Tonnelli;
On applaudit sa petite personne,
Son jeu piquant et son minois joli;
Mais tout-à-coup, par la voix de Zerbine,
Le chant déploie une grace divine.
« Qu'entends-je, ô ciel! ceci passe le jeu!
« Du Pergolèze! On me trahit; au feu!
« A l'aide! au feu! s'écria Mélusine;
« C'est Polymnie. Au meurtre! on m'assassine;
« C'est elle-même; oui, la muse du chant.
« A la police, à la cour, sur-le-champ
« Courez, volez, obtenez qu'on la chasse.
« Quelle noirceur! quel complot! quelle audace!
« De l'Opéra veut-on m'expatrier?
« Du chant français la gloire est de crier.
« Tout est perdu, si je cède la place. »
Dès ce moment la guerre s'alluma.
La cour d'abord redouta l'incendie;
Mais en riant d'Argenson le calma,

Et protégea la bouffonne applaudie.
Aux deux partis il accorde un champ clos:
C'est le parterre, et du coin de la reine
Au coin du roi s'étend la noble arène.
Muse, dis-moi, quels sont là tes héros.
Les deux atlas de l'Encyclopédie
Ont embrassé ta querelle hardie.
L'un, philosophe, ingénieux, profond,
Comme Pascal ayant sondé le fond
De la nature, et percé ses mystères;
Comme Pascal peignant les caractères,
En traits piquants non moins que lui fécond,
Plus gai que lui dans ses touches légères,
Aimait à rire à l'opéra bouffon,
Avec Duclos, Chastellux et Buffon.
L'autre au front calme, à la tête brûlante,
Portant au loin sa vue étincelante,
Et d'un œil d'aigle observant tous les arts,
Tendre, éloquent, sublime en ses écarts,
Venait le soir avec d'Holbach le sage,
D'un chant léger applaudir le passage.

Là, Saint-Lambert, esprit juste et perçant,
Voit pour ta gloire un empire naissant.
« Laissez, dit-il, les graces naturelles
« Parler aux cœurs; ils seront tous pour elles. »
Helvétius, prosélyte soumis,
Croyait aimer ce qu'aimaient ses amis.
L'ardent Rousseau, qui commençait à poindre,
Et qui du monde était moins ennuyé,
Avait son poste à l'orchestre appuyé.
De tes vengeurs ce ne fut pas le moindre.
Morellet, jeune et déja plein de cœur,
Sourit de voir que le péril approche;
Il est venu son Rabelais en poche,
Et sur la foule il jette un œil moqueur.
Roux et Darcet, pour défendre ta gloire,
Étaient sortis de leur laboratoire.
D'un tas de lois, Bouchaud vient foudroyer
Cette gothique et barbare coutume
Qui condamnait le monde à s'ennuyer;
Et, de ses mains déployant le volume,
Il fit trembler la salle et le foyer.

POLYMNIE.

Tu vois Latour, qu'un même zèle enflamme,
De tes héros peindre l'esprit et l'ame.
« Heureux, dit-il, si mon frêle pastel
« Comme leur nom pouvait être immortel! »
Mais ton Achille, ou plutôt ton Ulysse,
C'est l'ami Grimm, muse, il faut l'avouer;
Et de tous ceux que je viens de louer,
Nul n'égala ton prophète en malice.
Sous ces grands chefs s'assemblait ta milice;
J'étais du nombre, et je parle en soldat,
Soldat obscur, mais présent au combat.
Sous Grimoald l'autre parti se range;
Vieil amateur, bon homme, épais et lourd,
Que l'Opéra semble avoir rendu sourd.
Ce Grimoald n'a jamais pris le change
Sur la valeur d'un ouvrage nouveau.
Chez lui Rebel va consulter l'oracle.
C'est le Calchas du lyrique spectacle;
Depuis trente ans, c'est l'arbitre du beau.
D'abord Lulliste, et détestant Rameau;
Puis de Rameau zélateur emphatique,

Et des bouffons ennemi fanatique,
Tout l'Opéra roule dans son cerveau.
Dans cette armée [1] où Grimoald [2] commande,
Le fier Trigaud [3] mène une longue bande
De cabaleurs qui, dans leurs jeunes ans,
De Tévenard ont été partisans;
Et chacun d'eux sur sa tête caduque,
A pour panache une énorme perruque [4].
Autour du camp voltigeait Vélinon [5] :
Ce Vélinon, brillante babiole,
Fut de son temps l'esprit le plus frivole.
Non loin de lui le séduisant Finon [6]
Avait les yeux sur son guide fidèle,
L'abbé Trigaud qu'il a pris pour modèle.
Dans cette lice à peine encore entrés,

---

(1) Les sauteurs de l'ancien Opéra.
(2) M. de Bombarde.
(3) L'abbé Arnaud.
(4) Leur nom de guerre était *vieilles perruques*.
(5) L'abbé de Voisenon.
(6) L'un des chefs du parti gluckiste.

Leur renommée était à son aurore;
Ni l'un ni l'autre ils n'avaient fait encore
Ces beaux écrits qui les ont illustrés,
Ce beau journal, cette belle gazette,
Qu'on a tant lus, et ces feuilles du soir
Où leur génie enfin s'est laissé voir.
Mais dans leurs yeux une ardeur inquiète
De Grimoald a réuni l'espoir :
Il en présage une gloire complète.
Ce général, au moment du combat,
Croyant devoir exciter le soldat,
Dit à Trigaud : « Toi qui sais tant de langues,
« N'aurais-tu pas quelques vieilles harangues,
« Quelque lambeau de quelque historien?
« Car de ton fonds, je sais que tu n'as rien. »
Trigaud répond : « Je parle d'abondance,
« Et n'écris rien par excès de prudence;
« Mais l'on va voir si, pour être en crédit,
« On a besoin de savoir ce qu'on dit.
« Oui, mes amis, le chant est une peste
« Qu'il faut bannir du théâtre chantant;

« Que, sans garder aucun rhythme constant,
« Le mouvement tour-à-tour grave ou leste,
« Brusque et rompu, varie à chaque instant;
« Mais qu'à propos il marque l'anapeste,
« Je réponds, moi, d'un succès éclatant;
« Et je soutiens que l'art de Pergolèze,
« Cet art vanté que je n'ai point appris,
« N'est qu'une vaine et brillante fadaise;
« Qu'il faut d'abord qu'un artiste me plaise,
« Et qu'il n'est grand et fameux qu'à ce prix:
« D'où je conclus que l'ami Mondonville,
« Mon écolier, soit dit sans vanité,
« Grace à mes soins, est le seul homme habile,
« Et j'en appelle à la postérité.
« C'est lui qui sait sur une même note
« Précipiter l'instrument et la voix,
« Puis à l'octave élever à-la-fois
« Le violon, la voix de Géliotte,
« Puis diviser l'orchestre, et savamment
« Préparer l'ame à quelque événement.
« Vous m'entendez. » Les sots crurent l'entendre.

L'ami Finon les tirait à l'écart,
Et leur disait : « Vous venez d'en apprendre
« Plus que n'en sait aucun maître de l'art;
« Mais ce qui doit encor plus vous surprendre,
« Dans tous les arts il est aussi profond,
« Et tous les jours moi-même il me confond. »
Dans cet instant on joua l'ouverture :
De la gaieté cette vive peinture
Fut applaudie, et Trigaud l'orateur
S'attribuait ce claquement flatteur ;
Mais lorsqu'au chant de l'actrice nouvelle,
D'un doux transport le bruit se renouvelle,
Trigaud murmure, il s'agite, il frémit ;
Finon soupire, et Grimoald gémit.
On tressaillait dans le coin de la reine ;
L'ami Bouchaud de plaisir se gonflait,
En redoublant sa lourde main s'enflait ;
Et le public, que le plaisir entraîne,
De Pergolèze ami presque aussi chaud,
De toutes parts répondait à Bouchaud :
« Ceci, grands dieux! se passera sans trouble!

« Nous nous taisons, et le transport redouble, »
Cria Trigaud! Mais à l'instant: « Paix là!
« Paix là, barbare! » et Trigaud s'en alla.
Le cabaleur, échappé de l'orage,
Chez Grimoald va répandre sa rage.
« Eh quoi! dit-il à son ami Finon,
« Il sera dit que l'on chantera! non.
« Je veux demain renforcer ma cabale.
« — Ah! la balance est par trop inégale,
« Dit le jeune homme. Avez-vous vu ce coin,
« Ce coin terrible? Ami, nous sommes loin
« De dissiper cette ligue fatale.
« Il vaudrait mieux tous les deux y passer;
« Chez ces gens-là je voudrais me produire.
« — Eh quoi! déja la peur vient vous glacer!
« Lui dit Trigaud; laissez-moi vous conduire.
« Irons-nous là pour nous voir effacer!
« Que sommes-nous? (je parle en confidence!)
« Qu'avons-nous fait? Que ferons-nous comme eux,
« Pour nous mêler à ces hommes fameux?
« Signalons-nous, mais par notre assurance;

« Pourquoi marquer de lâche déférence,
« Quand le succès peut nous favoriser?
« Avec eux tous je veux rivaliser.
« De s'illustrer quand on perd l'espérance,
« Il faut savoir se singulariser.
« Oui, mon ami, la stérile paresse
« Perce la foule en faisant du fracas.
« De l'homme simple on fait fort peu de cas;
« Et dans l'audace il entre de l'adresse.
« Qu'ai-je à risquer? Je suis homme dè goût,
« Homme d'intrigue, et cela mène à tout.
« En me donnant pour un aigle en musique,
« Je les défie, et les mets sans réplique;
« Chez moi la forme emporte un peu le fond.
« Mais est-on clair, lorsqu'on est si profond?
« Avec le temps mon crédit peut s'étendre.
« Pour obtenir il suffit de prétendre,
« Et tôt ou tard on en croit sur sa foi
« L'homme arrogant qui sait parler de soi.
« Viendra la paix; elle est conciliante;
« Nous reprendrons l'humeur souple et liante;

« Et qu'une fois nous soyons parvenus,
« Alors, alors, nous serons mieux connus. »
Il dit. Bientôt le chef de la cabale
Revient l'œil morne et le front abattu,
Comme Pompée échappé de Pharsale.
« Hélas! dit-il, j'ai long-temps combattu;
« Mais c'en est fait. — Il faut rompre le charme,
« Lui dit Trigaud, sonnez par-tout l'alarme,
« Donnez *Tithon*, déclarez aux Français
« Que leur honneur dépendra du succès;
« Et ce jour-là faites tant de vacarme,
« Claquez des mains avec tant de fureur,
« Que l'ennemi soit glacé de terreur.
« — Rien n'est mieux vu, dit Finon; mais j'estime
« Qu'en attendant, une feuille anonyme
« Ferait grand bruit, du moins parmi les sots.
« Du ridicule ils seront les échos.
« A ce bruit-là peu d'oreilles sont closes.
« Il faut avoir l'éloquence des mots
« Quand on n'a pas l'éloquence des choses.
« Laissez-moi faire. » Il fit et ne fit rien.

De Vélinon le pamphlet volatile,
Aussi malin, mais presque aussi futile,
Eut, en naissant, même sort que le sien.
« *Tithon! Tithon!* c'est ma seule espérance, »
Cria Trigaud; et *Tithon* fut donné.
De son bonheur Mondonville étonné,
Sur Pergolèze obtint la préférence.
« Vous l'entendez, criait le fier Trigaud,
« Vous le voyez, ce succès effroyable.
« Oui, Mondonville est un homme incroyable.
« Jamais talent ne s'éleva si haut.
« A des beautés d'un ordre si sublime
« J'ose prédire un succès éternel;
« Et du public le transport unanime
« Est de leur gloire un garant solennel. »
O vanité! séduisante chimère!
Ce Mondonville, immortel comme Homère,
Et par Trigaud exempté de l'oubli,
Trois mois après y tombe enseveli.
Du vent léger de la faveur publique
Il eut pourtant un souffle fugitif.

Mais quand Rousseau, d'un air mélancolique,
Dit au Français, *Tu n'as point de musique*,
Et le prouva; quand, d'un ton plus naïf,
Grimm raconta son rêve prophétique,
Le sot orgueil, attaqué jusqu'au vif,
Sur l'ennemi voulut faire main-basse.
On souleva l'orchestre et les acteurs;
De tous côtés couraient les délateurs;
Trigaud hurlait et raclait sur sa basse.
L'aveugle rage alors se déclara;
On tint conseil, et le grand Opéra,
Devant la muse, au milieu de son temple,
Des novateurs voulut faire un exemple.
Un mannequin, qui servait quelquefois
Pour les combats, ou les vols de magie,
Sous les habits du héros génevois,
En plein théâtre en montra l'effigie,
Et tout-à-coup parut le chevalier
De Mélusine, alors grande-prêtresse,
Tenant en main la torche vengeresse,
Et s'appuyant sur le gros Cuvellier :

« O Mélusine! ô bruyante déesse,
« A qui Rousseau défendit de crier,
« Reçois les vœux que ton peuple t'adresse,
« Et vois le crime à tes yeux s'expier. »
A ces clameurs le mannequin s'allume.
Déja l'osier commence à pétiller :
Rousseau de loin voit son manteau qui fume,
Ses beaux cheveux qu'on va bientôt griller;
Il en frémit. Enfin tout se consume.
Autour du feu tout le chœur assemblé,
D'un cri de joie infernal et terrible
Vient d'annoncer ce sacrifice horrible;
Et dans son coin Polymnie a tremblé.
En s'éloignant du séjour des furies,
Elle aperçut le parti déloyal
Qui triomphait dans le Palais-Royal.
« Allons, dit-elle, allons aux Tuileries :
« Tous mes amis fréquentent ce beau lieu;
« Je veux les voir, je veux leur dire adieu. »
Près d'un bassin elle aperçoit un groupe;
C'était Rousseau qui contait à la troupe

Son aventure, et qui les faisait tous
Rire aux éclats. La muse les crut fous.
« Quoi ! vous riez au moment qu'on vous brûle !
« Il faut avoir un grand fonds de gaieté !
« Pour des chansons un peuple dépité
« N'était d'abord qu'un enfant ridicule;
« Mais le voilà méchant par vanité.
« Je ne veux pas qu'on s'expose au martyre
« Pour ma défense. Adieu, je me retire.
« — Non, muse, non, demeurez parmi nous.
« Il est bien vrai que nous avons nos peines,
« Et que les sots et leurs dignes Mécènes
« Nous font souvent essuyer des dégoûts;
« Mais un pays où l'on rit, où l'on pense,
« Où les talents, entourés de jaloux,
« Dans leur commerce ont mis leur récompense,
« Nous donne encor des moments assez doux.
« Peines, plaisirs, tout cela se compense.
« — Allons, dit-elle, espérons jusqu'au bout.
« Heureux encor d'avoir pour prosélyte
« Le bon esprit, le bon sens, le bon goût,

« Et des talents la glorieuse élite.
« Mais fallait-il m'envoyer de là-haut,
« Pour être en butte aux clameurs d'un Trigaud! »

POLYMNIE.

CHANT CINQUIÈME.

SOMMAIRE

DU CINQUIÈME CHANT.

Tableau piquant de Paris; Polymnie va par amusement trouver Monet à la foire Saint-Laurent; elle fonde ensuite la Comédie italienne, attire la foule à ces deux spectacles, et l'Opéra est désert. L'auteur persiffle l'abbé Trigaud qui prétend diriger Duni; tout le monde se moque de ce prétendu maître. Enfin tous les bons esprits et les littérateurs distingués engagent Polymnie à se rendre à l'Opéra; Grimm désire que, pour la tenter, on fasse venir Métastase; mais d'autres amateurs demandent grace pour les dieux et les démons, en un mot pour la fable, et représentent qu'elle est l'ame de l'Opéra; M. de Châtellux se déclare son défenseur, et Polymnie approuve les raisons qu'il donne.

POLYMNIE.

CHANT CINQUIÈME.

Les raretés des quatre coins du monde
Ont tous les ans rendez-vous à Paris;
Et tous les ans le badaud plus surpris
De nouveautés recommence la ronde.
Chameau de Perse, éléphant de Golconde,
Zèbre du Cap, singe de Bornéo,
Sont rassemblés dans le même préau.
Nains et géants, magots de toute espèce,
S'offrent en foule à nos yeux ébahis;
Et dans une heure un bourgeois de Lutèce
A parcouru les plus lointains pays.
Or, au milieu des singes et des Gilles,
Des ours dansants et des sauteurs agiles,

Des léopards dans leur cage ennuyés,
Et des lions par un homme effrayés,
Et des Comus à la main voltigeante,
Et des filous à la main diligente,
Et des chapeaux enfoncés sur les yeux,
Et des minois au souris gracieux,
Et des fichus qu'en passant on chiffonne,
Momus étale une scène bouffonne,
Où la folie et la gaieté sans frein
Du vaudeville aiguisent le refrain.
Qui le croirait? C'est là que Polymnie
Fut reléguée. O destin du génie!
Mais Apollon, réduit aux vils pipeaux,
Ne fut-il pas conducteur de troupeaux?
« Fille de joie, ainsi que de mémoire,
« Dit d'Argenson à notre muse en pleurs,
« J'ai deux moyens d'adoucir vos malheurs;
« Vous choisirez : le couvent ou la foire. »
Elle rougit, et s'en va tout pleurant
Trouver Monet au faubourg Saint-Laurent.
« Viens, lui dit-il, et nargue de l'envie!

« On mène ici bonne et joyeuse vie;
« Avec Raton chante et ris comme nous,
« Ma belle enfant : les heureux sont les fous. »
La muse chante, et la gaieté folâtre
A ses accents donnant un libre essor,
Paris en foule enrichit son théâtre.
Son règne expire, et Paris idolâtre
Veut la revoir et la demande encor.
Pourquoi réduire à l'obscur vaudeville
Cette chanteuse et son ami Clairval?
Qu'on leur élève un théâtre à la ville;
De l'Opéra dût-il être rival.
Il en est un où la nymphe accueillie,
Croira se voir au sein de l'Italie;
Qu'elle y paraisse. Arlequin l'annonça :
« Messieurs, dit-il, je vous la recommande;
« C'est ma payse. Elle est jeune et friande :
« Je m'y connais, et vous allez voir ça. »
De mille mains la flatteuse harmonie
A son début salua Polymnie.
L'esprit, la grace, un regard plein d'attraits,

Un naturel qui sans cesse varie,
De l'ame enfin les accents les plus vrais
Ont dû charmer sa nouvelle patrie :
Car de Villette elle a pris tous les traits.
De Mélusine heureuse tributaire,
La muse enfin respire en liberté.
Dans son palais la fée est solitaire;
Mais le malheur n'abat point sa fierté.
« Passons, dit-elle, un moment de caprice;
« C'est le début d'une petite actrice,
« Et bientôt las de cette nouveauté,
« On rendra gloire à l'antique beauté.
« Mon cher Trigaud, j'espère, ajoute-t-elle,
« Qu'en attendant tu me seras fidèle :
« J'ai fait ta gloire, et tu n'es point ingrat.
« — Ma foi, dit-il, vous n'avez pas un chat.
« Moi! demeurer dans l'oubli! Dieu m'en garde!
« J'aime la foule, et veux qu'on me regarde.
« De mon mérite, eh! qui serait instruit
« Sans mon suffrage? Il faut que je m'annonce;
« A haute voix il faut que je prononce;

« Et l'élément de Trigaud, c'est le bruit.
« — Et ton héros? et le grand Mondonville?
« — Il me néglige, il ne m'écoute plus :
« Le bruit l'effraie; il est doux et tranquille;
« Je l'abandonne, et j'annonce à Caylus
« Le même sort, s'il ne m'est pas utile.
« Qu'ai-je besoin de me prostituer?
« Pour mes amis j'aurais beau me tuer;
« Ils me feraient languir dans les ténèbres.
« Je ne veux plus que des hommes célèbres,
« Dont la livrée au moins puisse honorer
« L'homme inconnu qui veut se décorer.
« Voilà Duni qui s'élève et qui perce.
« Adieu, je romps avec vous tout commerce,
« Et c'est Duni que je vais adorer. »
Le bon Duni, sous l'œil de la déesse,
De notre langue essayait la souplesse,
Marquait le nombre, et voulait à nos vers
En imprimer les mouvements divers;
Essai nouveau, tentative hardie,
Dont Rousseau même avait désespéré.

Et le moyen que, d'un pas assuré,
Marche en cadence un vers sans prosodie?
Duni s'écoute. Il guette, il étudie
Le mouvement dans un son passager,
Et de son chant l'exacte mélodie
Fixe des mots le caprice léger.
« Eh bien! crois-tu, lui demanda la muse,
« Que cette langue au nombre se refuse;
« Et sous la main d'un habile ouvrier
« N'est-elle pas comme la molle argile?
« Vois si Racine est moins doux que Virgile.
« — Ah! dit Duni, c'est de l'or à trier
« Parmi le sable; au lieu qu'en Italie
« Avec l'or pur moins de gravier s'allie.
« — Va, lui dit-elle, on fait de l'or de tout,
« Avec du temps, du travail et du goût.
« Dans son récit mélodieux et tendre
« Quinault fut tel qu'il plaisait à Lulli;
« Mais sur un luth monté par Jomelli,
« Quels chants divins n'eût-il pas fait entendre?
« Formons l'oreille aux poëtes naissants;

POLYMNIE.

« Bientôt leur style aura tous nos accents. »
Encouragé par cet heureux augure,
Duni chantait. On annonce Trigaud.
« Du coin du roi n'est-ce pas le héraut?
« Lui qu'on a vu rebuté du parterre,
« Dans les foyers me déclarer la guerre?
« Défions-nous de ses salamalecs :
« C'est un Sinon qui vient du camp des Grecs.
« Je vais m'enfuir. — Député du Parnasse,
« Je viens, dit-il, rendre hommage au talent.
« J'ai beaucoup lu Denys d'Halicarnasse;
« Et je médite un ouvrage excellent
« Sur l'anapeste; ainsi j'ose prétendre,
« Homme célèbre, au droit de vous entendre.»
Duni prélude et sourit finement.
A ce début : « Bravo! belle fabrique!
« Vous procédez par le rhythme ïambique.
« Vous irez loin. Je veux absolument
« Vous diriger. — Me diriger! comment?
« — Par mes conseils. — Vous savez la musique ?
«   Oui, je solfie assez passablement.

« De la tonique et de la dominante
« Je sais les noms, j'en parle à tout moment;
« J'ai de l'oreille, une tête sonnante,
« Un feu de diable, une verve étonnante,
« C'est un Vésuve. — Oui, je le vois fumant.
« — Bon! ce n'est rien, et quand ma voix tonnante
« Mugit du grec! — Du grec! — Assurément!
« Je parle grec comme feu Sganarelle
« Parlait latin; et tous nos érudits,
« En fait de grec, leur langue naturelle,
« Qui sur ce point m'avaient cherché querelle,
« Disent de moi ce que je vous en dis.
« Je suis connu; mais voyons notre affaire,
« Et chantez-moi l'air que nous allons faire. »
Duni, cédant à l'importunité,
Du connaisseur flatta la vanité.
A tous les sons le froid énergumène,
Sur son trépied s'écrie et se démène.
« Voilà des traits inconnus et hardis;
« Voilà du beau, c'est moi qui vous le dis.
« Quelle savante et profonde harmonie!

« Courage ! Ayons du talent, du génie,
« Tous nos rivaux en seront étourdis. »
Quand l'air fut fait : « Çà, dit-il, pour la basse
« Vous l'écrirez. J'ai la tête un peu lasse;
« Et puis Vanlô m'attend pour composer
« Certain tableau qui manquait à sa gloire,
« Et qu'au salon nous devons exposer.
« Caylus aussi me demande un mémoire ;
« Il faut pourtant que j'aille avant dîner
« A Bouchardon apprendre à dessiner :
« Je suis à tous leur démon, leur génie.
« On reçonnaît quand mon œil a passé
« Sur un morceau; demandez à Vassé?
« Mais je me voue au dieu de l'harmonie;
« Même en dépit de Pigal et Caylus,
« Mon cher Duni, je ne vous quitte plus.
« — Ah ! quel hableur ! s'écria le bonhomme !
« Me voilà pris, comment me dégager?
« Le poids est lourd. Allons, quoiqu'il m'assomme,
« Cela peut nuire, il faut le ménager. »
Duni faisait un chant pur et facile;

Trigaud disait : « Le bonhomme est docile. »
Tout allait bien ; l'élégant Monsigny,
Plus gracieux, plus français que Duni,
Voit tous les jours la muse lui sourire.
A ses calculs le hardi Philidor
Ayant soumis les cordes de la lyre,
A l'harmonie ose donner l'essor.
Bientôt Grétry, plus adroit et plus sage,
Dans notre langue un peu novice encor,
Par des succès en fait l'apprentissage.
A son orchestre un feu divin jaillit :
Grace, beauté, dans son chant se déploie ;
En l'écoutant, la muse tressaillit ;
En l'admirant, Duni pleura de joie.
Trigaud, témoin d'un succès éclatant,
D'un air accort s'adresse au débutant :
« Ah ! lui dit-il, vous venez d'Italie :
« Voilà du chant ! le chant est ma folie.
« Rien n'est si beau, je l'ai dit à Duni,
« Qu'un dessin pur, élégant et fini.
« Duni m'écoute, il s'en trouve à merveille :

« C'est un secret que je dis à l'oreille.

« N'en parlez pas; mais venez les matins

« Me consulter. Les gens que je conseille,

« D'un plein succès doivent être certains.

« Le vieux Rameau n'était pas sans génie;

« Il envoyait chez moi son harmonie,

« Ses airs de danse; et moi, pour l'obliger,

« Je voulais bien parfois le corriger.

« Dans tous les arts on attend mon suffrage,

« Pour décider du destin d'un ouvrage.

« De mes avis on s'est parfois moqué;

« Mon savoir même en doute est révoqué.

« Des érudits je veux punir l'outrage :

« Trigaud n'est pas vainement provoqué.

« — De vos moments est-ce ainsi qu'on abuse,

« Dit le jeune homme? Ils sont si précieux!

« Si bien remplis! — Peuvent-ils l'être mieux

« Qu'à diriger une naissante muse,

« Répond Trigaud? Venez, venez me voir.

« A ne rien faire on dit que je m'amuse;

« Mais j'en sais plus, sans me faire valoir,

« Que bien des gens dont l'esprit se fatigue;
« Et plus qu'eux tous je suis à redouter.
« Tous les matins ils travaillent; j'intrigue,
« Et l'intrigant se fait seul écouter. »
Le Liégeois s'en va riant sous cape.
« Le voilà donc, ce Trigaud, l'amateur,
« L'inspirateur, et le déclamateur!
« De ses panneaux il faut que je m'échappe;
« De ma musique il serait l'inventeur. »
Le lendemain, Trigaud, dans l'attitude
D'un gros penseur, enfoncé dans l'étude,
Mais triste, oisif, de lui-même ennuyé;
Sur son Platon se tenant appuyé,
Attend Grétry, non sans inquiétude.
« Il sait, dit-il, tout le crédit que j'ai;
« Il a dû voir que je voulais l'entendre,
« Que ne vient-il? M'aurait-il négligé?
« Il va venir. Il se fait bien attendre! »
Il ne vint point, son nouveau protégé.
Les jours suivants il l'attendit encore;
Les jours suivants il l'attendit en vain.

« Quoi ! le succès l'a déja rendu vain !
« Dit l'amateur, que le chagrin dévore,
« Allons moi-même, allons le relancer. »
Il l'alla voir ; il voulut l'encenser ;
Mais ni l'encens, ni le brillant phosphore
De l'hyperbole et de la métaphore ;
Rien n'opéra. Trigaud, le charlatan,
Perdit sa peine et son orviétan.
Triste et confus d'aller de porte en porte
Offrir en vain son inspiration,
« Moi, disait-il, rebuté de la sorte !
« Courons après ma réputation.
« Comme César, je hais l'inaction ;
« L'oubli m'excède, il est temps que j'en sorte. »
Dans sa colère, il retourne à Duni,
« Eh bien ! dit-il, votre règne est fini ;
« Grétry s'élève, et sur vous il l'emporte ?
« Dans la coulisse on vous a vu pleurer ;
« C'était de rage ? — Ho ! non ! c'était de joie.
« Au doux repos mon âge me renvoie.
« Un autre vient ; je l'entends célébrer ;

« De ma retraite au moins il me console,
« Et les talents iront à son école.
« — Quoi! dit Trigaud, sans vous désespérer
« Vous avez vu le succès de Lucile!
« — J'en ai joui. — C'en est trop; l'imbécille!
« Il aime à voir ses rivaux prospérer!
« Je n'y tiens plus; partons sans différer. »
Jaune de bile, et gonflé de colère,
Le bateleur se rendit chez Finon,
Qui, lui voyant l'humeur atrabilaire,
Lui demanda s'il avait dormi? « Non;
« Je ne dors plus, mes nuits sont effroyables;
« J'ai le cerveau plein de papillons noirs;
« Dans l'*abdomen* je me sens des rasoirs,
« Et dans les nerfs des douleurs incroyables.
« — Un bon calmant, lui dit l'ami Finon,
« Serait pour vous un peu de gloire, un nom,
« Un nom célèbre? — Oui, c'est là ma folie;
« Mais, par malheur, je suis si fainéant,
« Que je ne puis me tirer du néant.
« Plus je m'exalte, et plus on m'humilie.

« Cet écolier, qui nous vient d'Italie,
« Grétry lui-même ose me négliger;
« Duni le voit fleurir sans s'affliger.
« Tout m'abandonne et tout me désespère.
« Et vous! à qui j'ai tenu lieu de père,
« Par nos malheurs au lieu d'être échauffé;
« Au lieu d'aller au parterre, au café,
« Vanter mon goût, mes talents, ma science,
« Vous me laissez sans honneur, sans crédit!
« — Qui? moi, grands dieux! et que n'ai-je pas dit?
« Ah! votre ami vous sert en conscience.
« Mais je ne vois que des gens étonnés,
« Quand je vous loue; et l'on me rit au nez.
« N'importe, il faut tout braver. Je suis ivre
« De mon projet. — Quel est-il? — Mon ami,
« Sans y penser, nous avons fait un livre.
« — Quoi! tout de bon? — J'ai trop long-temps gémi
« Qu'on demandât nos titres littéraires;
« Je les produis, et nos preuves sont claires.
« — Tant mieux! Eh bien! qu'est-ce? — Un recueil exquis
« De ces morceaux dont quelques mains légères

« Ont parsemé nos feuilles étrangères.
« Ils sont à nous, et rien n'est mieux acquis
« Qu'un bien donné. J'en ferai des volumes.
« On n'ira pas rechercher quelles plumes
« Ont enrichi ce précieux recueil.
« Eh! qu'il obtienne un favorable accueil,
« Nous voilà forts. Oui, dans peu je vous mène,
« Ce livre en main, sans fatigue et sans peine,
« Jusqu'à ce temple, où bientôt à mon tour
« J'espère entrer par un secret détour. »
Trigaud l'embrasse. « Ah! dit-il, le mérite
« Perce à la fin. » Le mérite perça ;
Et du public la muse favorite,
D'inspirateur pour un temps se passa.
Dans ce long calme on vit *Sylvain* paraître,
Et ce *Tableau* qui parle si gaiement,
Et cet *Azor*, où Clairval fut charmant;
Et cet *Ami*, ce pédant petit-maître,
De la maison renvoyé poliment.
O temps heureux! Quel accord! quel ensemble
Que de talents ce théâtre rassemble!

Qui nous rendra cet acteur inspiré,
En qui Garrick n'avait rien désiré.
Ce beau chanteur, si touchant, si comique!
Dans l'enjouement si brillant de gaieté,
Dans la douleur, si vrai, si pathétique,
Si noble encor dans la rusticité?
Qui nous rendra la voix sensible et pure,
Le naturel si délicat, si fin,
De cette actrice au minois enfantin,
Dont Polymnie avait pris la figure?
Quel charme alors d'assortir à son gré
L'intéressante et belle Mandeville,
Et la Ruette, et le joyeux Nainville;
Et la naïve et piquante Beaupré;
Et ce Clairval, plein d'esprit et de grace,
Qui sait tout peindre, et sait tout embellir!
Songe charmant, qu'à regret je retrace!
Ah! les talents ne devraient point vieillir.
Ces jours de gloire étaient pour nous des fêtes.
Muse du chant, ta rivale aux abois,
Dans son palais où se perdait sa voix,

En frémissant apprenait tes conquêtes.
L'ambition vint troubler ton repos,
Dirai-je, hélas! bien ou mal-à-propos?
Au bruit flatteur du parterre et des loges,
Un cri s'élève : on veut que tu déloges.
« Que tardez-vous? venez, muse, il est temps,
« Venez remplir vos destins éclatants.
« A l'Opéra tout Paris vous rappelle.
« Du fier Trigaud l'orgueil est endormi;
« Finon sommeille auprès de son ami;
« De Vélinon la petite cervelle
« A fait de vous son idole nouvelle.
« Du coin du roi, qu'on ne peut réchauffer,
« Rebel a vu déserter la milice;
« Et Grimoald est mort dans la coulisse
« D'un bâillement qu'il voulait étouffer. »
C'était ainsi que, du coin de la reine,
Les députés flattaient leur souveraine.
Qu'elle parût; elle allait triompher.
Elle céda, car elle aime la gloire;
Déja pour elle on a chanté victoire.

POLYMNIE. 265

De son triomphe empressés de jouir,
Tous ses amis viennent se réjouir.
Mais, pour régner sur la scène magique,
Ils veulent tous que la muse à Paris
Fasse venir l'un de ses favoris,
Comme Racine élégant et tragique,
Et dont le style, aussi pur qu'énergique,
Mette les chants à la place des cris.
« Ah! doutez-vous que je ne le souhaite?
« Demain, dit-elle, oui, dès demain j'écris;
« Mais mon élève aura-t-il un poëte?»
Et, sur ce point, opinant assez haut,
L'on proposait Métastase ou Quinault.
« Il faut traduire, imiter Métastase,
« Répétait Grimm : il est beau, sans emphase;
« Il est sensible, il est harmonieux.
« Force, douceur, vérité, réunies :
« Voilà son art, voilà son merveilleux;
« Et sans vos dieux, vos démons, vos génies....
« —Ah! laissez-nous nos démons et nos dieux,
« Interrompit un amant de la fable,

« Chez Polymnie un mélange ineffable
« Doit réunir les enfers et les cieux.
« —Quoi ! voulez-vous, sur le ton de Sophocle,
« Gémir toujours, demandait Chatellux?
« Atys, Thésée, et Castor et Pollux
« Vont-ils céder la scène à Thémistocle?
« Est-ce en chantant que parlait Régulus?
« Le chant lui-même est fabuleux, magique;
« Que tout soit donc magique et fabuleux,
« Avec le chant, tantôt grave et tragique,
« Tantôt serein, tendre ou voluptueux.
« Si vous voulez entendre Cornélie,
« César, Brutus, Orosmane ou Néron,
« Le vieil Horace, ou la fière Émilie,
« C'est au théâtre où florissait Clairon
« Qu'il faut aller. Vous cherchez la nature?
« Là, tout est vrai dans sa noble peinture.
« Mais, attirés par de plus doux accents,
« Aimez-vous mieux, dans une heureuse ivresse
« De tous les arts jouir par tous les sens :
« De l'Opéra la muse enchanteresse

« Va vous causer ces songes ravissants.
« L'illusion est son brillant empire;
« Là, tout s'exalte et se met au niveau.
« N'êtes-vous pas dans un monde nouveau?
« Faites-vous donc à l'air qu'on y respire.
« Ainsi Quinault, que l'on attaque en vain,
« L'avait connu ce spectacle divin;
« Tout est fictif dans son hardi système,
« Hormis le cœur, qui sans cesse est le même.
« Ah! plût au ciel qu'il revînt ce Quinault,
« Avec sa plume élégante et flexible,
« Plier au chant le langage sensible
« D'Atys, d'Isis, d'Armide et de Renaud!
« Qui chantera l'amour tendre et timide,
« Si ce n'est pas Atys et Sangaride?
« Qui chantera l'amour fier et jaloux,
« Mieux que Roland ou Médée en courroux?
« Qui chantera, si ce n'est pas Armide?»
A ce discours la déesse applaudit:
« Assurément, dit-elle, je révère
« La vérité, mais elle est trop sévère,

« Et le mensonge a chez moi du crédit.
« J'aime à changer et de mode et de nombre;
« Le clair-obscur fait briller mes couleurs.
« Rien ne tarit aussitôt que les pleurs;
« Et j'ennuierais, si j'étais toujours sombre.
« Laissons ailleurs Marius et Caton
« Du clavecin prendre humblement le ton;
« (J'en ai rougi souvent pour ces grands hommes.)
« Et ne montrons, aux climats où nous sommes,
« Que les héros d'un pays enchanté,
« Qui dans leur langue ont peut-être chanté.
« N'ai-je pas bien saisi votre système
« Mon chevalier, dit-elle avec gaieté?
« —Fort bien, déesse.—A-présent, si l'on m'aime,
« On essaiera de faire en ma faveur
« Ce que Quinault sans doute eût fait lui-même.
« —J'ai pour ami, déesse, un vieux rêveur,
« Dit Chatellux, qui, du chant idolâtre,
« Pour votre culte a beaucoup de ferveur;
« D'un long travail esclave opiniâtre,
« J'ai vu souvent, lorsqu'il m'a consulté,

« Qu'il aime à vaincre une difficulté ;
« Et qu'animé de l'espoir d'être utile,
« Sur tout le reste il est assez tranquille.
« Comptez sur lui ; je vais l'encourager.
« Depuis long-temps il s'exerce à vous plaire ;
« Et dans cet art, qu'un long usage éclaire,
« Grétry sait bien qu'il n'est pas étranger. »

POLYMNIE.

CHANT SIXIÈME.

SOMMAIRE

DU SIXIÈME CHANT.

Gluck arrive en France, et obtient des succès dont Mélusine est toute fière; elle se croit déja sûre de la victoire, et encourage tous ses amis à lancer des épigrammes contre Polymnie, lorsque celle-ci se décide à faire représenter aux Italiens la *Colonie* de Sacchini : cet ouvrage fait fureur, mais Mélusine n'en crie que davantage pour étourdir jusqu'à ses ennemis; Trigaud se croit triomphant, et ayant aperçu un jour un arracheur de dents sur le Pont-Neuf, il va chercher un patient, qui pousse des cris effroyables, et il ose dire à Polymnie que ces cris sont dans la nature, et constituent la bonne musique. Cependant le bruit de l'arrivée de Piccini vient à se répandre, et Trigaud fait courir d'avance de mauvais bons-mots sur cet homme célèbre.

POLYMNIE.

CHANT SIXIÈME.

Connaissez-vous la bizarre alliance
De la paresse et de la vanité ?
L'une chérit sa douce obscurité ;
L'autre s'agite avec impatience.
Ainsi captif dans leur étroit lien,
Un malheureux, à lui-même contraire,
Désespéré de n'être jamais rien,
Ne peut jamais se résoudre à rien faire.
Tel fut Trigaud, lorsque, dans un fauteuil,
Sa nullité fut mise en évidence.
Tout l'effaçait, tout blessait son orgueil,
Et de sa faute il sentit l'imprudence.
Mieux eût valu dans un repos obscur

Garder sa place; et rien n'était si dur
Que d'être pauvre au sein de l'abondance.
Il veut du moins être riche en propos.
Des grands projets la fièvre le dévore;
Mais par malheur ils ne sont point éclos.
Il les rumine, il les rumine encore.
Chacun lui dit, *Cessez, triste chaos;*
Et du chaos il ne peut rien éclore.
« Allons, dit-il, retournons aux beaux-arts.
« Chez les lettrés on court trop de hasards.
« J'ai négligé la triste Mélusine;
« Allons la voir; elle est notre voisine. »
Il l'aperçut rêvant sur son balcon;
Il y monta. « D'où venez-vous, dit-elle?
« — Je viens de faire un tour sur l'Hélicon.
« — De mon malheur y sait-on la nouvelle?
« — Non. — Du théâtre on veut me culbuter.
« Mon ennemie.... — Eh bien? — On l'y rappelle.
« Dans l'héroïque elle va débuter.
« Il fut un temps qu'au milieu de l'orage
« Mon cher Trigaud eût été mon appui;

POLYMNIE.

« Mais l'infortune a glacé son courage :
« Je n'ose plus me reposer sur lui.
« — Allons, dit-il, je reprends votre enseigne.
« Vous m'estimez, ailleurs on me dédaigne ;
« Je suis à vous ; mais si par mes travaux
« Je vous obtiens des triomphes nouveaux,
« Vous me rendrez office pour office ;
« Par vous la cour saura ce que je vaux.
« Et j'obtiendrai.....— Quoi donc?— Un bénéfice.
« — Rien n'est plus juste, et pour toi de bon cœur
« Je fais agir et la danse et le chœur.
« Compte sur moi, pourvu que ta cabale
« Chasse d'ici mon indigne rivale.
« — Et vous, dit-il, qu'allez-vous faire?—Hélas!
« Je vais crier, crier comme une folle,
« Crier au feu, crier qu'on me viole.
« — Vous! non, madame, ils ne vous croiront pas.
« Mais il nous vient du fond de la Bohême
« Un homme unique, un célèbre jongleur,
« Grand harmoniste et plus grand bateleur,
« Qui va crier encor plus que vous-même,

« Qui va charmer la France ou l'étourdir,
« Et pour un siècle en trois mois l'assourdir.
« — O mon ami! ce jongleur d'Allemagne
« En Italie a fait une campagne;
« Il aura vu Durante et Porpora;
« Il aura pris leurs leçons, leur exemple.
« Ne vient-il pas m'insulter dans mon temple,
« Et de leur chant infecter l'Opéra?
« — N'ayez pas peur: son génie inflexible
« Conserve encor son heureuse âpreté.
« Si quelquefois il s'est montré sensible,
« Si le travail à qui tout est possible,
« A de son style adouci l'âcreté,
« C'est un moment d'erreur ou de faiblesse.
« Il en rougit. Le croirez-vous, déesse?
« Lorsque du chant il rencontre les traits,
« En les brisant, il dit avec rudesse :
« Vains ornements d'une indigne mollesse,
« Ne m'offrez plus vos frivoles attraits.
« — Ah! si du chant il n'a point la manie,
« Dit Mélusine, il sera mon héros.

« Mais son poëte a-t-il eu le génie
« D'estropier les vers d'Iphigénie?
« Y trouverai-je au moins bien des cahots?
« N'en doutez pas, l'harmonie et la grace,
« Tout est détruit, il n'en reste plus trace.
« Avec effort chaque vers se roidit.
« Mais cette rude et pénible contrainte
« Fait votre gloire. Un torrent qui bondit
« Sur des rochers, à nos yeux s'agrandit;
« En mugissant il imprime la crainte.
« De même un chant qui d'écueil en écueil
« Va se brisant, en a bien plus d'orgueil;
« Et nous disons que pour être effrayante,
« Ainsi bondit la passion bruyante;
« Qu'elle préfère un vers rude et scabreux
« Aux vers coulants du faible et doux Racine;
« Qu'on ne peint rien dans un style nombreux,
« Et que le chant de ravine en ravine
« Veut bouillonner dans un lit caverneux.
« Que pensez-vous de cette rhétorique?
« J'ai, quand je veux, le style pindarique;

« Et nul, je crois, ne l'a porté plus haut.
« Allez, allez, laissez faire à Trigaud. »
Il arriva précédé de son nom,
Il arriva le jongleur de Bohême :
Sur les débris d'un superbe poëme,
Il fit beugler Achille, Agamemnon ;
Il fit hurler la reine Clytemnestre ;
Il fit ronfler l'infatigable orchestre ;
Du coin du roi les antiques dormeurs
Se sont émus à ses longues clameurs ;
Et le parterre, éveillé d'un long somme,
Dans un grand bruit crut voir l'art d'un grand homm
« Il va changer et vos lois et vos mœurs,
« Disait Trigaud. Le voilà le Terpandre,
« L'Épiménide et l'Orphée allemand.
« Qu'à son triomphe on dresse un monument.
« Dans l'univers sa gloire va s'épandre.
« Mais qu'ai-je dit? l'univers en est plein.
« On n'entend plus que lui dans l'Italie.
« Il va chasser de Londre et de Berlin
« Tous ces faiseurs d'un beau chant qu'on oublie.

POLYMNIE.

« Du goût antique heureux restaurateur,
« Lui seul est grand, lui seul est créateur.
« Et qui le sait mieux que moi qui l'inspire?
« En composant c'est mon feu qu'il respire;
« Il me regarde, et mon pouvoir agit.
« Sur le clavier ses mains s'appesantissent.
« En se cassant les cordes retentissent,
« Et tout-à-coup le voilà qui rugit.
« Qu'en dites-vous? est-ce là du génie?
« Quelle fraîcheur dans ce chœur virginal!
« Dans ces écrits, quel chaos d'harmonie!
« Là sont les traits d'un style original.
« Aucun dessin, nulle phrase finie.
« Du bruit, du bruit, tout le reste est banal.
« Malheur au chant dont l'idée est suivie!
« La période est fille de l'envie.
« Gardons-nous bien de ce monstre infernal. »
Ainsi Trigaud, fier de son existence,
S'incorporait au jongleur applaudi;
Il se croyait un homme d'importance;
Il regardait d'un œil fixe et hardi,

Et semblait dire à toute l'assistance,
Comme autrefois ce bedeau fortuné :
Messieurs, *c'est moi, c'est moi qui l'ai sonné.*
Ainsi de Gluck assidus prosélytes,
Trigaud, Finon, lui servaient d'acolytes;
A ses côtés l'un et l'autre marchaient,
Prêtres d'un dieu, se croyant son image;
Et quand du peuple ils recevaient l'hommage,
Modestement tous les deux se penchaient.
Vous concevez l'orgueil de Mélusine;
Dans son palais le bruit a redoublé;
Un goût barbare à jamais y domine.
Mais tout-à-coup son bonheur est troublé!
On donne Orphée; et la vieille criarde
Y croit trouver quelque trace de chant;
« Qu'entends-je, ô ciel, dit-elle en se cachant?
« Je crois qu'il chante! — Oui, mais c'est par mégarde
« Répond Trigaud, l'exemple le séduit :
« Pardonnez-lui sa faute, il la répare;
« Et dans Alceste elle sera plus rare.
« C'est là sur-tout, c'est là qu'il fait du bruit.

« Vous l'entendrez, ce savant tintamarre. »
On l'entendit : jamais un noir cachot
N'a retenti de clameurs si funèbres.
« Paris est fou, disait l'ami Bouchaud,
« D'aller trois mois s'amuser à ténèbres. »
La muse alors attendant Piccini,
Qui par les monts arrivait d'Italie,
Voulut donner un peu de Sacchini,
Pour égayer notre triste folie.
Et tout-à-coup, nouvel enchantement!
Tout Paris semble avoir dans un moment
Changé d'oreille, en changeant de spectacle.
La Colonie avait fait ce miracle.
« Voilà, dit-on, la voix du sentiment;
« L'émotion n'a plus rien de pénible:
« C'est un plaisir, ce n'est plus un tourment.
« A l'Opéra serait-il impossible
« Qu'au lieu d'un triste et profond hurlement,
« On eût ce chant mélodieux, sensible,
« Qui, sans causer de rude ébranlement,
« A pour l'oreille un attrait invincible,

« Et laisse à l'ame un long ravissement?
« On a rendu l'Opéra frénétique;
« Et la douceur de l'attendrissement
« Est réservée à l'Opéra-Comique;
« Ne quittons plus ce spectacle charmant. »
A ce succès du beau chant de Colombe,
Trigaud voyant son parti fugitif
Rendre à Bélinde un hommage furtif,
Tremble à la fin qu'Alceste ne succombe.
« Il faut, dit-il, faire éclater la bombe,
« Et par un coup de lumière effrayant
« Décréditer ce spectacle attrayant.
« Où courez-vous, Français? quelle musique
« Vient vous séduire? Ah! plus fiers autrefois,
« Vous préfériez la mélodie antique;
« Vous n'écoutiez que de bruyantes voix.
« Loin de vos mœurs ce goût asiatique,
« Dont la mollesse a corrompu l'Attique,
« Et que Platon redoutait pour ses lois!
« Un cri sauvage, un hurlement funeste,
« Un bruit horrible, enfin le bruit d'Alceste :

« Voilà vos chants, fiers enfants des Gaulois.
« Et voulez-vous consulter la nature
« Sur l'énergie et la beauté du son ?
« A la tournelle allez prendre leçon :
« Vous entendrez le cri de la torture. »
Il dit, s'élève, et sans plus de délais,
Suivi des siens il marchait au palais.
Sur son passage un nombreux auditoire
Environnait l'opérateur toscan,
Qui, sur le pont, théâtre de sa gloire,
Les deux bras nus armés d'un pélican,
Allait d'un rustre ébranler la mâchoire.
« Bon ! dit Trigaud, sans aller plus avant,
« Je trouve ici le tragique en plein vent.
« Écoutez bien comme il faut que l'on chante.
« Ici, Messieurs, la nature est sans fard ;
« Vous allez voir qu'elle en est plus touchante,
« Et que les cris sont le comble de l'art.
« Sur les tréteaux la victime tremblante,
« Le front couvert d'une froide pâleur,
« Les yeux au ciel, et la bouche béante.

« En frémissant attendait la douleur. »
Au ratelier le pélican s'attache,
Le manant crie, et la dent se détache.
« Vous l'entendez cet accent douloureux,
« Disait Trigaud! Voilà du pathétique;
« Voilà le chant, le vrai chant dramatique;
« Et c'est ainsi qu'un héros malheureux
« Doit soupirer et se plaindre en musique. »
Sur les esprits sa harangue opéra,
Et l'art des cris pour un temps prospéra.

Mais on répand qu'à travers les lavanges
Du Mont-Cénis et ses âpres frimats,
Encouragé par l'amour des louanges,
Un virtuose arrive en nos climats:
Grande rumeur dans le conseil lyrique.
Finon parla. « Je suis homme de goût,
« Bel-esprit vierge, infaillible critique,
« Comme Fraguier ignorant en musique;
« Mais j'ai ce tact qui me tient lieu de tout :
« Notre jongleur est donc un homme unique.

« C'est mon avis, j'y tiendrai jusqu'au bout;
« Mais je ne puis, malgré mon assurance,
« Vous déguiser un péril imminent:
« De jour en jour nous allons déclinant.
« La Colonie obtient la préférence
« Sur l'Opéra. Piccini vient en France;
« Et dans son art c'est un homme étonnant;
« Comme un ruisseau son harmonie est claire;
« Son style est pur, rapide, étincelant;
« Il va chanter, et sans doute il va plaire:
« On a su même accommoder Roland
« Au goût du chant qu'il a le don de faire.
« Prenez-y garde. Une fois entendu,
« Il peut gagner la faveur populaire,
« Et l'art des cris est pour jamais perdu.»
Trigaud répond : « Je vois venir l'orage;
« Mais le danger me rend tout mon courage.
« Un chantre habile ose s'expatrier,
« Pour venir plaire à ce peuple volage.
« Eh bien! d'avance il faut le décrier.
« Il sera seul, sans appui, sans défense;

« Et si quelqu'un veut repousser l'offense,
« Pour l'en punir il faut l'injurier.
« Voilà mon plan. Les feuilles éphémères
« Sont pour l'injure un merveilleux bureau.
« J'ai sous ma main le petit tombereau;
« Qu'il soit rempli de satires amères;
« Une épigramme, une lettre, un couplet,
« Sont au besoin des armes légitimes.
« Pour colporter nos feuilles anonymes,
« Auprès des grands j'aurai plus d'un valet;
« Et nous rirons en perçant nos victimes;
« Car après tout, quand nous serions connus,
« Que risquons-nous? et par où nous atteindre?
« Dans cette lice on nous verra tous nus.
« N'ayant rien fait, nous n'avons rien à craindre.
« Ainsi, du nombre et de l'obscurité
« Notre calcul a le double avantage.
« Heureux Bias! nous avons en partage
« Ton indigence et ta sécurité. »
Chacun trouva qu'il parlait comme un sage.
Et cependant du haut du Mont-Cénis,

Dont les sommets semblent s'être applanis,
(Tant l'espérance adoucit la fatigue!)
Le nouveau chantre à Paris attendu,
Libre des soins dont s'occupe l'intrigue,
Se plaît à voir sous ses yeux étendu
Ce beau pays qu'enrichit la culture,
Ce beau pays de fleuves sillonné,
Couvert de fruits, de moissons, de verdure,
De cent cités au-dedans couronné,
De ports fameux utilement orné,
Là, par des forts d'effrayante structure,
Là, par des monts, son immense clôture,
Là, par des mers dignement terminé;
Chéri des arts, chéri de la nature,
Comme à la gloire au bonheur destiné.
« Je te salue, ô climat fortuné,
« Où je croirai retrouver ma patrie,
« Où de ma reine on voit l'auguste sœur,
« Grande sans faste et fière avec douceur,
« Charmer un peuple, une cour attendrie,
« Du haut du trône encourager les arts,

« Les enflammer du feu de ses regards,
« Les inviter à marcher sur ses traces,
« Et ne montrer la fille des Césars
« Que sous les traits de la mère des Graces.
« Ah! si jamais, honorant mes travaux,
« Elle daignait de cette voix flexible,
« De cette voix qu'anime un cœur sensible,
« Prêter le charme à mes accents nouveaux!
« Que je ferais envie à mes rivaux!
« A mes rivaux! loin de moi ces alarmes.
« Les vrais talents ne sauraient se haïr;
« De leurs succès ils me verront jouir.
« J'aime la paix; je suis faible et sans armes
« Contre l'envie; et j'ai pour tout désir
« L'ambition de donner du plaisir. »
Ainsi parlait l'homme simple et modeste.
Il arriva. Tout l'enfer déchaîné
Se rassembla dans la loge d'Alceste;
Et du complot le signal fut donné.

POLYMNIE.

CHANT SEPTIÈME.

SOMMAIRE

DU SEPTIÈME CHANT.

Piccini, encouragé et inspiré par Polymnie, donne la première représentation de *Roland*, qui a un succès prodigieux; Mélusine, irritée de ce triomphe, et ne pouvant plus retenir sa colère, est résolue à mettre le feu à la salle de l'Opéra; Gluck lui représente que ce serait nuire à ses succès, Mélusine se laisse enfin persuader, et le compositeur allemand retourne à Vienne, après lui avoir promis de revenir dans un an, armé d'un chef-d'œuvre qui fera pâlir toutes les productions de l'auteur de *Roland*.

POLYMNIE.

CHANT SEPTIÈME.

Rappelez-vous Encelade et Typhée,
Ces fiers géants dont la rage étouffée
Ébranle encor les antres de l'Etna;
Rappelez-vous leur bruyante escalade,
Contre le dieu qui les extermina.
Eh bien! Typhée et l'énorme Encelade,
Pour entasser Ossa sur Pélion,
S'agitaient moins dans leur rebellion,
Que dans la guerre au bon goût déclarée,
Trigaud, Finon, et leur troupe effarée,
Pour entasser, non pas des monts altiers,
Mais les chiffons des plus vils gazetiers.
Dans les cafés à la hâte on publie

Que Piccini n'est qu'un chantre bouffon;
Que l'Artaxerce et que le Démophon
Sont des Pasquins sifflés en Italie;
Et que du chant qui nous est renvoyé
L'Italien est lui-même ennuyé;
Que Gluck lui seul charme Venise et Rome,
Naple et Milan; que c'est à qui l'aura;
Et que Paris, possédant ce grand homme,
Veut qu'en despote il règne à l'Opéra.
« De Piccini j'ai tiré l'horoscope,
« Disait Trigaud d'un petit air badin :
« Gluck fait Roland, Piccini Rolandin.
« Bonne épigramme! au Courrier de l'Europe
« En diligence il la faut envoyer,
« La répéter ce soir dans le foyer,
« Dans les cafés demain la faire lire.
« — Le joli mot! l'heureux trait de satire!
« Disait Finon; pour ce mot précieux
« Je donnerais ce que j'ai fait de mieux;
« Or, chacun sait que c'était beaucoup dire.
« — Ah! si quelqu'un demain dans l'œil de bœuf

POLYMNIE.

« Disait Trigaud, me rendait le service
« De publier ce mot que je crois neuf;
« Pour l'avoir dit j'aurais un bénéfice.
« Mais tôt ou tard le ministre saura
« Ce que je fais pour la cause publique.
« Courage, amis ! l'on nous opposera
« La renommée, et cent beaux opéra;
« A tout cela je réponds sans réplique,
« Que l'Italie et l'Europe ont en vain
« De Piccini célébré l'art divin. »
Au même instant la cabale enveloppe
Le chantre aimé que pleurait Parthénope.
A cet accueil qui d'abord l'étourdit,
Notre Amphion s'étonne et se demande :
« Que me veut-on ? qu'ai-je fait, qu'ai-je dit,
« Pour mériter une haine si grande ?
« Messieurs, de grace, apprenez qui je suis.
« Je vais chanter, et plaire si je puis.
« Est-ce un forfait à soulever le monde ?
« A qui de vous est-ce donc que je nuis ?
« Si je le sais, que le ciel me confonde !

« En Italie, où j'avais des rivaux,
« Je n'ai causé ni trouble ni vacarme.
« L'Europe daigne applaudir mes travaux.
« Londre et Berlin n'en ont pas pris d'alarme;
« Pourquoi ne pas m'entendre? avez-vous peur
« Que de mes chants le prestige trompeur
« Sur vos esprits ne jette un maléfice?
« Ah! de mes chants l'innocent artifice
« Est d'attendrir et l'oreille et le cœur. »
Cette harangue était bien pathétique;
Mais on est sourd quand on est fanatique.
De la coulisse un antique pilier,
Un vieux Bayard, un loyal chevalier,
Avec plaisir se rappelant encore
La Petitpas, Muraire et la Lemaure,
Mais faisant cas de la variété,
Et du plaisir ami sans déférence,
Voulut savoir de quelle autorité
Ces messieurs-là prêchaient l'intolérance.
« J'ai vu, dit-il, car je date de loin,
« Contre Rameau la cabale animée,

« Vomir enfin sa rage envenimée ;
« Tout le parterre, et j'en fus le témoin,
« Prit hautement le parti d'Hippolyte :
« Des gens de l'art c'était pourtant l'élite,
« Qui, tout en feu sortant du cabaret,
« Formait l'attaque. Et quels hommes ! quels hommes !
« Que Monteclair et Destouche et Mouret !
« On n'en voit plus dans le temps où nous sommes.
« Tous ces héros ont pourtant succombé !
« Le public juste et libre et volontaire,
« Devant Rameau les força de se taire.
« Et vous, Finon, et vous, monsieur l'abbé,
« Vous prétendez faire, dans vos ténèbres,
« Plus que n'ont fait tous ces hommes célèbres,
« Tyranniser et l'oreille et le goût,
« Ne rien produire et décider de tout !
« Petits régents de la scène lyrique,
« Quels sont vos droits ? Vous êtes en musique
« Plus ignorants que les filles des chœurs ;
« Trigaud, si fier de racler sur sa basse,
« N'eût pas été l'écolier des Francœurs.

« Savez-vous bien que le public se lasse
« De vous entendre, orgueilleux et moqueurs,
« Sur ce bel art qui de si loin vous passe,
« Donner des lois et régner en vainqueurs ? »
Du chevalier la gauloise éloquence
Réjouit fort les rieurs du café ;
Mais des gluckains le dépit étouffé
La méprisa comme sans conséquence.
D'un air plus doux et d'un ton plus touchant,
Un amateur de la paix et du chant
Leur demanda s'il était bien facile
De supposer l'univers imbécille ;
Si d'un talent par l'Europe applaudi
Le détracteur n'était pas bien hardi.
« Pensez, dit-il, qu'une étude profonde
« N'obtient pas même un si fier ascendant ;
« Que l'homme habile est modeste et prudent ;
« Que dans son sens l'ignorant seul abonde ;
« Qu'en fait de goût, comme en fait de raison,
« Tout n'est jugé que par comparaison ;
« Et qu'il est bon d'entendre tout le monde. »

POLYMNIE.

A ce propos de l'humble sens commun
Se souleva le parti dogmatique.
« Que nous dit là ce sophiste importun,
« Avec son doute et son ton méthodique?
« — N'est-ce pas lui, reprit l'ardent Trigaud,
« Qui vient au chant prostituer Quinault?
« L'audacieux! c'est par lui qu'une bande
« D'Italiens va tomber à l'envi
« Sur ce poëte à leur art asservi.
« Mes chers amis, je vous le recommande.
« Pour le punir de son doute insultant,
« Il en faut faire un exemple éclatant!
« Que nos roquets en jappant le mordillent;
« Que nos gredins à l'envi le houspillent;
« Et moi bientôt d'une bruyante voix
« J'annoncerai qu'on l'a mis aux abois.
« — Pour celui-ci, dit Finon, je l'estime :
« Il fut vingt ans mon plus fidèle ami.
« Jamais son cœur ne se livre à-demi;
« Et j'en étais dépositaire intime :
« Je sais donc bien comme on peut le blesser;

« Mais c'est un soin que je dois vous laisser.
« Il est sensible, aisément on le pique,
« Et vous aurez ce plaisir sans danger;
« Car de sa vie il n'a su se venger.
« De vos pareils la tourbe famélique,
« Fréron, Linguet, Clément et Palissot,
« Ont beau prouver qu'il écrit comme un sot;
« Un froid silence est sa seule réplique.
« Ainsi, tandis qu'à ne rien ménager
« Son doux mépris va vous encourager,
« Moi j'userai de ma prudence oblique;
« Et dans ma feuille insérant vos écrits,
« Je le plaindrai d'être en butte à vos cris.
« Je crois pourtant qu'il m'est permis d'en dire
« Par-ci, par-là, le petit mot pour rire;
« Je le dirai, mais d'un air si benin,
« Que pour du miel on prendra mon venin. »
Dans l'orateur un grand air de décence
Fut animé d'un souris gracieux.
De l'amitié, de la reconnaissance,
On admira le zèle officieux.

« Mon cher Finon, s'écria Mélusine,
« En embrassant son pâle défenseur,
« D'un conjuré vous avez bien la mine,
« Même à travers un faux air de douceur. »
Dès ce jour même, avec sa follicule,
L'ami Finon eut le plaisir secret
De s'égayer, anonyme et discret,
Sur son ami traduit en ridicule.
A son exemple, et dans le même égoût,
Certain vieux fat, intrigant de coulisse,
Versa le fiel de sa sotte malice ;
Et le public en eut jusqu'au dégoût.
En méprisant la satire, on l'accueille ;
Mais triste et lourde, on en est bientôt las.
Tel fut le sort de l'insipide feuille.
Ce qu'aux méchants on ne pardonne pas,
C'est le malheur d'être froids, durs et plats.
Environné des roquets du Parnasse,
Le mélophile en était peu troublé ;
Mais Piccini crut le voir accablé ;
Et s'adressant à cette populace :

« Ah! disait-il du ton le plus touchant,
« Ce n'est pas lui, c'est moi qui fais du chant.
« Laissez-le en paix; je vous cède la place. »
Et, comme un cerf que le bruit de la chasse
Hors de l'enceinte oblige à détaler,
Delà les monts il voulait s'en aller.
Lors Polymnie à ses yeux se présente
Dans tout l'éclat de la divinité.
« Laisse, dit-elle, Armide agonisante,
« Hurler d'amour, Roland sera goûté.
« J'ai du Français interrogé l'oreille :
« Il est sensible, ami des nouveautés;
« Vers le plaisir il court de tous côtés;
« L'ennui l'endort, le fracas le réveille;
« Mais du fracas moins ému qu'étourdi,
« Vers nous déja son instinct le ramène;
« Et je prévois qu'il oubliera sans peine
« Les cris du nord pour les chants du midi.
« Gluck aura beau, dans sa verve grossière,
« En allemand faire parler Quinault,
« Et travestir son Armide en sorcière;

« Le temps approche où, tombant de son haut,
« Il va se voir estimé ce qu'il vaut.
« Tranquille et doux, moque-toi de la brigue,
« Et sois bien sûr que ce peuple galant,
« Qui pour Chimène eut les yeux de Rodrigue,
« Pour Angélique aura ceux de Roland. »
Une déesse est au moins un oracle :
Sur sa parole on croirait au miracle ;
Et l'Amphion, par la muse inspiré,
Ne douta plus du succès désiré.
Roland parut : les oreilles, les ames,
Tout fut ravi. Le public enchanté
Disait : « Enfin Quinault sera chanté. »
L'heureux Roland fut l'opéra des femmes.
Et qui jamais eût prévu que ces dames
Seraient un jour pour le genre infernal?
Leurs belles mains nous donnaient le signal ;
Et, grace aux mœurs du pays où nous sommes,
Procès gagné devant leur tribunal
Ne se perd guère au tribunal des hommes.
Au bruit flatteur de l'applaudissement,

Gluck, immobile au milieu de la foule,
Comme un tyran dont le trône s'écroule,
Pâlit de crainte à chaque ébranlement :
Il espérait quelque soulèvement;
Mais non; sans bruit tout son parti s'écoule;
Le farfadet se retire éperdu.
L'ami Finon, tout vernissant de bile,
Dans le caveau va rêver immobile;
Trigaud lui-même est sorti confondu;
Dans les foyers le reste est répandu;
Mais, consternés d'un succès si rapide,
Ils gardent tous un silence stupide.
Leur rage est morne, et les plus entêtés
D'étonnement semblent être hébêtés.
D'un œil serein contemplant sa victoire,
La muse alors imita le Français.
Elle arbora l'étendard de la paix.
La modestie est le fard de la gloire;
Elle vit Gluck descendant l'escalier,
Et lui tendant une main généreuse :
« De Mélusine illustre chevalier,

« Pardonne au moins à sa rivale heureuse;
« Et déridant ce front triste et jaloux,
« Chez le Breton viens souper avec nous. »
A ce souper l'Allemand politique
Crut devoir taire et cacher son dépit.
Il serait mort comme Caton d'Utique,
Mais dans le vin sa douleur s'assoupit.
Par les plaisirs la table était servie;
Le vin coulait; et bientôt la gaieté
Donna l'essor à la sincérité.
C'est le moment le plus doux de la vie.
Et Piccini, par sa simplicité,
Semblait charmer les serpents de l'envie.
Il verse à Gluck, le flatte et lui sourit;
Gluck qui s'enivre en buvant s'attendrit.
« Mon doux rival, lui dit-il, dans le verre
« Noyons tous deux la discorde et la guerre;
« Comme tes chants mon bruit a réussi;
« Je suis content; mon secret, le voici :
« J'ai fait semblant d'estimer la louange;
« Mais c'est de l'or qu'il faut gagner ici;

« Et notre gloire est en lettres-de-change.
« On t'aura dit que je suis charlatan;
« Que pour du beau j'ai donné de l'étrange;
« Mais la musique est de l'orviétan.
« Suis mon exemple, et fais-toi sans scrupule
« Un parti fort des prôneurs aguerris.
« Avec des mots, l'impudence à Paris
« Mène à son gré la sottise crédule.
« Ce peuple est vain, suffisant, ridicule :
« Pour son oreille il ne faut que des cris.
« Tu dois trouver mon chant plat ou baroque;
« Le tien est beau; mais pour qui le fais-tu?
« Pour quelques gens délicats? Je m'en moque,
« Ce succès-là ne vaut pas un fétu.
« Et qu'on me donne un sujet bien atroce,
« Quelque tyran, quelque peuple féroce,
« Un bon enfer : alors je te promets
« De revenir plus bruyant que jamais :
« En attendant, tiens la scène lyrique.
« Mais si tu veux y prendre un vol plus haut,
« Sois secondé de mon ami Trigaud :

« Son ignorance est profonde en musique,
« Mais il est rogue, insolent, emphatique,
« Et quand il est monté sur son Platon,
« Aux beaux-esprits sa voix donne le ton;
« Il fait trembler le cercle académique.
« Homme en faveur sous le grand du Barri,
« Il a perdu son protecteur chéri.
« Mais à la cour on l'honore, on l'accueille,
« Il prétend même être inscrit sur la feuille;
« Et pour Alceste il a si bien prêché,
« Qu'on lui destine un petit évêché;
« Daigne le voir; la faveur n'est pas grande :
« Parmi les sots il est fort répandu.
« Prôneur bruyant et flatteur assidu,
« L'enthousiasme est chez lui de commande;
« De cabaleurs il s'est fait une bande,
« Et, satisfait de t'avoir entendu,
« Comme un esclave il te sera vendu. »
Ainsi parlait la franchise allemande,
Quand tout-à-coup on appelle à grand bruit

Le directeur. Il se lève, on le suit ;
Et sur la place il trouva Mélusine,
Folle, égarée, en habits d'Alecton,
Tenant au point sa torche de résine ;
Dans son délire, elle voulait, dit-on,
De l'Opéra consommer la ruine,
Brûler la salle et l'enceinte voisine,
Et dans sa chûte imiter Phaéton.
Gluck la désarme. « O ma chère compagne!
« Consolez-vous ; rien encor n'est perdu ;
« Je vais, dit-il, revoir mon Allemagne ;
« Mais dans six mois je vous serai rendu.
« — Cruel, dit-elle, eh quoi! tu me délaisses!
« Puis-je crier, puis-je vivre sans toi?
« — Comptez, dit-il, sur mes saintes promesses.
« N'avez-vous pas des gages de ma foi?
« N'oubliez pas Alceste, Iphigénie,
« Et cette Armide, où s'est peint mon génie.
« A tous leurs cris, souvenez-vous de moi. »
En l'écoutant Mélusine s'appaise :

Il la conduit à l'hôtel Saint-Nicaise,
L'embrasse, et dit, après un long effort :
« Il faut partir, allons, vîte ma chaise. »
Sa chaise arrive ; il s'y jette, et s'endort.

POLYMNIE.

CHANT HUITIÈME.

SOMMAIRE

DU HUITIÈME CHANT.

Les cabales redoublent contre Piccini; ce grand homme dont le caractère est faible, se décourage, et est près de plier sous l'effort de la tempête ; cependant Voltaire arrive à Paris : description de l'accueil qu'il reçoit : Houdon fait son buste, il l'envoie aux littérateurs les plus distingués, qui reconnaissent ce procédé par des vers brillants ou de la prose éloquente ; mais Trigaud, pour raison, ne donne rien, il va chez le nonce du pape, et lui demande une récompense pour les progrès qu'il a fait faire à la musique. Gluck tient parole à Mélusine, et revient avec un opéra plus affreux, plus épouvantable, plus infernal, qu'on n'en avait encore vu ; cet opéra est *Iphigénie*.

POLYMNIE.

CHANT HUITIÈME.

Il est un art d'imiter la nature,
Que de ses dons la nature a doué ;
Il en est un qu'elle a désavoué,
Comme une lourde et grossière imposture :
L'un, plein de force et de facilité,
Embellit tout et jamais n'exagère ;
En imitant, sa main sûre et légère
Joint la richesse à la simplicité ;
Hardi, mais sage, élégant, mais sévère,
Et libéral sans prodigalité,
La grace noble est son grand caractère ;
L'autre, indigent de son stérile fonds,
Va mendiant les secours qu'il amasse ;

Dans les sujets, pour les rendre féconds,
C'est encor peu de charger, il entasse;
S'il a dessein d'inspirer la pitié,
Rien à ses yeux n'est assez pitoyable;
Si la terreur, rien n'est trop effroyable;
Le tendre amour, la sensible amitié,
Et la nature encor plus déchirante,
Et l'innocence éplorée, expirante,
Et la vertu dans l'excès du malheur,
N'ont à son gré qu'une faible couleur :
Sous des haillons il nous peint l'indigence;
Il fait de sang dégoutter la vengeance,
Et sur la roue il montre la douleur.
Le cannibale, avec ses barbaries,
N'est pas encore un objet assez noir;
A son spectacle il faut, pour émouvoir,
Le parricide entouré de furies;
Il va fouiller jusques dans les tombeaux;
Il en revient couvert d'affreux lambeaux;
Et quand d'horreur il voit que l'on frissonne,
Il s'applaudit du plaisir qu'il nous donne.

C'est ce bel art qu'on éleva si haut,
Dans le conseil où présida Trigaud.
« Amis, dit-il d'une voix étouffée,
« Il est parti notre sublime Orphée!
« Et Mélusine a reçu ses adieux!
« Toujours bruyant, toujours sombre et terrible,
« D'autant plus grand qu'il sera plus horrible,
« Il reviendra; de frayeur s'enfuira
« Le chant, la danse, en un mot l'Opéra.
« Il a senti qu'il avait dans Armide
« Mal exprimé la volupté timide;
« Et que du chant qui nous est odieux
« Il prenait mal le tour mélodieux;
« Qu'il lui fallait pour muse une Lamie;
« Et que la grace était son ennemie;
« Il la proscrit; il ne veut plus chanter.
« Son genre à lui, c'est le genre funeste;
« Et ces remords, et ces tourments d'Oreste
« Sont le tableau qu'il va nous présenter;
« Heureux un jour si, pour nous enchanter,
« Au parricide il peut joindre l'inceste!»

Ainsi parla Trigaud l'inspirateur;
Et l'auditoire applaudit l'orateur.
Mais Piccini faisait encore ombrage;
Il fallait donc, pour couronner l'ouvrage,
Forcer d'abord l'heureux Napolitain
D'aller charmer quelque pays lointain.
De l'araignée on imita la trame :
A son exemple on tendit des filets.
Parlons plus clair : de valets en valets,
Les partisans du sombre mélodrame,
Jusqu'à la cour étendant son crédit,
Firent si bien qu'Atys fut interdit.
« Hélas! disait le chantre d'Ausonie,
« Atys me plaît, il m'inspire, il m'émeut;
« Laissez-le-moi; chacun suit son génie;
« On ne fait bien qu'en faisant ce qu'on veut.
« Vous demandez que je sois pathétique :
« Je le serai, mais non pas frénétique.
« Le chant n'est point un long cri de douleur;
« Et ma palette a plus d'une couleur.
« D'un lieu charmant que le plaisir décore,

« Pourquoi bannir la tendre volupté?
« Atys ressemble à ces beaux jours d'été :
« D'un doux éclat il brille à son aurore;
« Vers le midi, sous un ciel plus brûlant
« On voit l'orage avancer à pas lent;
« Mais sous l'ormeau l'on peut danser encore.
« Enfin le soir, un nuage orageux
« Tonne, épouvante, et dissipe les jeux;
« Vernet et moi nous aimons ces contrastes;
« Et, n'en déplaise aux froids enthousiastes
« Du genre noir, j'oserais parier
« Qu'on s'ennuiera de ne voir que du sombre.
« Entremêlons la lumière avec l'ombre,
« Le don de plaire est l'art de varier;
« Laissez-moi donc, fût-ce dans l'élégie,
« Du clair-obscur employer la magie;
« Car je suis peintre, et non pas teinturier. »
Mais tout-à-coup et la cour et la ville
Ont suspendu cette guerre civile.
D'un autre soin les cœurs sont occupés.
Le bruit courait (passez-moi l'épisode;

Du temps d'Homère il était à la mode),
Le bruit courait au spectacle, aux soupés,
Que de Ferney l'illustre solitaire
A son pays revenait dire adieu;
Et tout Paris ne pensait qu'à Voltaire.
Il arriva : ce ne fut en tout lieu
Qu'un même cri de joie et de tendresse;
L'enthousiasme allait jusqu'à l'ivresse.
L'âge et la gloire en avaient fait un dieu.
En contemplant cette vieillesse auguste,
D'un saint respect on se sentait saisir;
En plein théâtre on couronnait son buste,
On l'adorait, et rien n'était si juste :
Il nous donna soixante ans de plaisir.
« Ah! je me meurs et de gloire et de joie, »
Dit le vieillard. Et le brillant fuseau
Qui de ses jours avait filé la soie,
Tomba soudain sous le fatal ciseau.
Des doctes sœurs la troupe désolée,
En le pleurant l'élevait jusqu'aux cieux.
Elle demande un pompeux mausolée;

On le refuse. Eh bien! que sous nos yeux
On place au moins son buste précieux :
Ce fut d'Houdon le chef-d'œuvre et la gloire;
Et dans la cour des filles de mémoire
Chacun reçut le buste. Envers Houdon
Chacun voulut s'acquitter par un don,
Fruit des jardins, qu'on nomme académiques;
Prose éloquente et vers harmonieux,
Écrits profonds, écrits ingénieux,
Graves, légers, sérieux ou comiques,
Sont le tribut qu'on apporte à l'envi
Dans l'atelier. L'artiste en fut ravi;
Mais à la fin sa surprise fut grande,
Lorsque, des yeux parcourant son offrande,
Il ne vit rien de Finon l'amateur,
Rien de Trigaud le grand déclamateur.
« Qu'ai-je donc fait à ces deux Aristarques,
« L'un si profond, et l'autre si subtil?
« De leurs bontés j'attendais quelques marques;
« Ils m'ont sans doute oublié, » disait-il.
Et dans le monde on ne trouvait pas juste

Que, de Voltaire ayant reçu le buste,
Deux écrivains si richement lottis
Fussent restés au nombre des *gratis*.
« Il faut payer ; mais en quelle monnaie,
« Disait Trigaud ? Nos titres simulés
« Sont en décri ; l'on nous a décelés ;
« Et des railleurs la malice m'effraie.
« — J'ai, dit Finon, rassemblé nos écrits ;
« Ils ne font plus un volume si mince.
« N'avons-nous pas les feuilles de Paris ?
« Ce seul présent serait digne d'un prince.
« Nous y donnons tous les jours du nouveau ;
« C'est tour-à-tour mon génie ou le vôtre ;
« J'ai donné l'ordre ; on nous relie en veau,
« Et nous serons accolés l'un à l'autre. »
Trigaud surpris d'être enfin relié :
« Voilà, dit-il, un monument durable ;
« Quand on a fait cette œuvre mémorable,
« On ne craint plus de se voir oublié. »
Sûr de sa gloire et plein de son mérite,
A sa fortune il n'a plus qu'à penser.

POLYMNIE.

De l'Opéra cabaleur émérite,
C'est à l'église à le récompenser.
Chez nos prélats il remue, il intrigue;
Il veut forcer, dût-il être importun,
Le nonce même à former une brigue,
Pour ébranler cet évêque d'Autun.
« Je suis Trigaud. Depuis vingt ans je rôde,
« Dit-il au nonce, et dans les ateliers
« Les arts m'ont vu former cent écoliers.
« J'ai mis Pigal et Vernet à la mode.
« Je me suis fait bel-esprit, comme abbé;
« J'avais alors d'assez bonnes amies,
« Et du boudoir l'escalier dérobé
« M'a fait monter à deux académies.
« Enfin sans moi Gluck fût déja tombé :
« J'ai de sa gloire arboré le trophée;
« Je soutiens seul Iphigénie, Orphée,
« Alceste, Armide; et quel est le loyer
« De mes travaux? Un mince bénéfice;
« C'est une honte, et dans tout le foyer
« De l'Opéra, l'on crie à l'injustice;

« Tous nos prélats, qui devaient m'étayer,
« N'osent parler de moi sans bégayer.
« Ah! monseigneur, ayez plus de courage,
« Plaidez ma cause, et daignez m'appuyer;
« J'avais d'abord capté plus d'un suffrage;
« Mais quand j'ai dit tout le peu que je sais,
« On me renvoie, et je suis délaissé :
« Ma seule planche, au moment du naufrage,
« C'est d'Argental. Jugez en quel état
« Je suis réduit, moi, l'homme du combat!
« — Pour appuyer votre juste demande,
« Lui dit le nonce, hélas! je ne puis rien,
« Monsieur Trigaud; je suis Italien,
« Et vous prêchez la musique allemande. »
Trigaud, frappé de ce terrible éclair,
Dit à Finon : « Que je suis misérable!
« A Piccini si j'étais favorable,
« Rome serait pour moi; rien n'est plus clair.
« Du chant tudesque aussi qu'avais-je à faire?
« L'italien m'avait déja su plaire,
« Et Piccini n'aurait eu qu'à vouloir.

« Il le sait bien, j'étais à son service;
« Mais en intrigue il était si novice,
« Que rien n'a pu le résoudre à me voir. »
Finon rêva. « Quel air avait le nonce
« En vous parlant? — Un air riant et doux.
« — Un air riant? Eh bien! je vous annonce....
« — Quoi, mon ami? — Qu'il se moque de vous.
« Mais ce n'est rien; tout l'Opéra vous nomme
« Pour le premier bénéfice vacant;
« Et vous l'aurez, malgré le nonce et Rome,
« Lorsqu'à la cour on dira : Voilà l'homme
« Qui des foyers est l'apôtre éloquent. »
Ce noble espoir ranima les athlètes;
Et les cafés, les boudoirs, les toilettes,
Retentissaient de ce bruit éclatant:
« Gluck va venir, il arrive, on l'attend
« Demain, ce soir, dans une heure peut-être.
« Dieux! quel transport en le voyant paraître! »
Ce fut le cri que le grand Lucifer,
Lorsqu'il revient de quelque long voyage,
Entend mugir aux portes de l'enfer,

Car l'allégresse y ressemble à la rage.
Gluck à ce cri reconnut ses enfants;
Il les pressa de ses bras étouffants.
« Je vous apporte un chef-d'œuvre incroyable,
« Dit le jongleur. Demain vous vous rendrez
« Chez Mélusine; et là vous l'entendrez;
« Vous l'entendrez cet ouvrage effroyable. »
En le voyant, Mélusine essaya
De s'attendrir; dans l'excès de sa joie
Elle voulut parler, elle aboya;
Car de plaisir vous savez qu'elle aboie.
Gluck l'embrassant: « O ma chère Scylla,
« Hurlez, dit-il; je reviens, me voilà.
« Or, écoutez un opéra sans danse,
« Triste, funèbre, et noir à faire peur,
« Où tout respire une sombre vapeur,
« Où sur la roue on s'agite en cadence.
« J'ai fait d'Oreste un damné rugissant,
« Qui de la rage aura l'air et l'accent.
« Cher Larrivée, il faudra que tu cries;
« Pour t'agiter, c'est peu de trois furies :

« Autour de toi j'en mets un demi-cent.
« L'Oreste grec croyait revoir sa mère :
« Ce n'était là qu'une vaine chimère ;
« Le mien la voit ; elle est là. De son flanc
« Le spectateur verra couler du sang.
« — Bravo ! bravo ! s'écria la cabale.
« — Je fais du Scythe un peuple cannibale,
« Lequel dansant autour de l'étranger,
« Aura tout l'air de vouloir le manger.
« Charmant ballet ! délicieuse danse !
« Dans le lointain de leur théâtre immense,
« Les Grecs voyaient des forfaits ennoblis ;
« Mais tous les traits en étaient affaiblis ;
« Et le tableau, dans cette perspective,
« Ne répandait qu'une horreur fugitive :
« Je renchéris et charge tout exprès
« Ces traits affreux, qu'on verra de plus près ;
« Car je prétends n'avoir ni paix, ni trève,
« Qu'à l'Opéra l'on ne trouve la grève,
« Et qu'en soupant chacun n'ait avoué
« Qu'il vient de voir sur la scène un roué.

« Pour la musique, elle est grecque ou tartare,
« Ou l'un et l'autre; elle est sur-tout bizarre :
« C'est le beau genre, et j'y suis dans mon fort;
« Ce sont des chants funèbres, monotones,
« Des chœurs pareils aux vêpres des Gorgones,
« Et quelquefois le râle de la mort.
« Mes airs sont pris aux carrefours de Prague :
« Mais de l'orchestre un bruit confus et vague
« Pour les couvrir est toujours assez fort.
« Quand mon Oreste éprouvera l'épreinte
« De la colique, un basson mugira;
« Le violon miaulera la plainte;
« Dans la terreur la trompe frémira;
« Et j'ai placé le remords dans la quinte. »
Gluck à ces mots ayant pris l'air hagard
D'un janséniste au tombeau de Médard,
Sur le clavier appuyant ses mains lourdes,
Et clabaudant son tudesque opéra,
Semble enfoncer dans des oreilles sourdes
Un chant pareil au clou de Sisara.
Tout l'auditoire, étourdi du vacarme,

En voyant Gluck de sueur tout fumant,
La gorge enflée, aboyant, écumant,
Croit qu'il enrage, et va prendre l'alarme.
« Non, dit Trigaud, c'est qu'il est sous le charme:
« Et son génie est dans l'enfantement.
« Dieux! quel travail! la voilà cette verve
« Que je compare au cri dont Jupiter,
« En accouchant, fit retentir l'éther,
« Quand de sa tête on vit sortir Minerve.
« N'en doutez pas; rien n'est beau sans effort;
« Et plus le style est dur, plus il est fort.
« Aussi voyez avec quelle énergie,
« Nouveau Thespis, notre sublime Gluck
« Fait dans ses chants hurler la tragédie!
« Elle naquit à la fête du bouc;
« Tout s'y ressent des fureurs de l'orgie. »
Gluck transporté saute au cou de Trigaud.
« Ah! mon ami! persuade au badaud
« Ce beau système; et Voltaire et Racine,
« Et ce Corneille et si fier et si haut,
« Vont tous ramper aux pieds de Mélusine;

« Leur beau théâtre, à jamais dépouillé
« De ses honneurs, va tomber en ruine,
« Et pour moi seul ils auront travaillé. »
Bouffi d'orgueil, il dit, et l'assemblée
Se retira confondue et troublée,
Croyant sortir d'un horrible tombeau,
Et dans Paris criant: *Rien n'est si beau.*

POLYMNIE.

CHANT NEUVIÈME.

SOMMAIRE

DU NEUVIÈME CHANT.

Gluck qui a passé beaucoup de nuits, pour tâcher de répondre à l'espoir de ses prôneurs, est attaqué d'une maladie assez dangereuse; Tronchin le guérit; à peine rétabli, il donne un nouvel ouvrage qui a une chûte complette; Trigaud qui ne veut reconnaitre Gluck que lorsqu'il a des succès, lui tourne le dos, et lui dit sur son talent des vérités un peu dures; Gluck piqué de ce qu'un homme qui a été son bas flatteur, se permet de jouer un nouveau rôle, lui riposte par des épithètes énergiques, et la querelle va s'échauffer lorsque Mélusine la criarde les engage à parler plus bas.

POLYMNIE.

CHANT NEUVIÈME.

Gluck, désolé de ses sots prosélytes.
Autour de lui jette un œil inquiet,
S'enferme, et dit à ses deux acolytes:
« Nous voilà seuls; j'imite Mahomet.
« J'ai renvoyé la foule stupéfaite
« Du merveilleux que mon art lui promet;
« Seul avec vous, je ne suis plus prophète,
« Mon doux Ali, mon arrogant Omar,
« Il faut qu'ici votre zèle s'exerce;
« Je crois vous voir attelés à mon char;
« Mais entre nous j'ai bien peur qu'il ne verse.
« A l'Opéra venir pour s'effrayer :
« C'est un plaisir dont on peut s'ennuyer.

330 POLYMNIE.

« Jusqu'à-présent j'ai su jouer d'adresse ;
« Pauvre, mais fier, j'ai caché ma détresse,
« Et pour un chant moins aisé que mes cris,
« Aux yeux des sots j'ai marqué du mépris.
« Mon impuissance a passé pour système.
« De mon récit tristement obligé
« L'âpre énergie a paru l'art suprême ;
« En créateur je me vois érigé ;
« Le nom de Gluck vole de bouche en bouche ;
« Dans les journaux mon génie est vanté ;
« Et le plain-chant de Campra, de Destouche,
« C'est moi, dit-on, qui l'ai seul inventé.
« J'ai retrouvé la mélopée attique,
« Et l'anapeste et la douleur antique ;
« J'ai fait du grec enfin sans le savoir ;
« Et, grace à vous, au milieu de ma gloire,
« Je marche égal au géant de la foire ;
« Comme un colosse on s'empresse à me voir.
« Mais si jamais ce bon peuple s'avise
« De mesurer le prétendu géant ;
« Si mon parti s'éclaire ou se divise ;

« Si, fatigué de mon vieux chant d'église,
« Il se rallie au parti mécréant;
« S'il s'aperçoit que je pille en criant,
« Mon trône croule et mon sceptre se brise :
« Le créateur est réduit au néant.
« Ne laissons pas obscurcir mon étoile :
« Le vent est bon, je vogue à pleine voile;
« Mais Mahomet nous l'a dit en beaux vers:
« *Il faut tromper cet aveugle univers.*
« — Broyez du noir, le reste me regarde,
« Lui dit Trigaud; je vous prends sous ma garde:
« De l'Opéra je serai le Stentor;
« De l'Opéra vous serez le Nestor.
« Je publierai, pour sauver vos pillages,
« Que vous avez embrassé tous les âges,
« Pris tous les tons, mêlé tous les accents.
« Quant à la foule, à mon gré je l'excite;
« Et, si je vois que la victoire hésite,
« Je serai là pour crier aux passants :
« Entrez, messieurs, si vous avez des ames;
« Voici du grec. Et vous, venez, mesdames,

« A l'Opéra gagner un nouveau sens.
« — Pour entraîner l'imbécille cohue,
« Je me sens fort, dit Finon. L'an passé,
« De la musique ignorant l'*a, b, c,*
« Je trébuchais de bévue en bévue;
« Mais à-présent j'ai six mois de leçons;
« Sur le clavier je distingue mes sons;
« Et dans votre art rien n'échappe à ma vue.
« Je dirai donc que quiconque n'est pas
« De mon avis n'a pas figure d'homme;
« J'attacherai l'oreille de Midas
« A ce public et de Naple et de Rome,
« Qui de vos chants a fait si peu de cas.
« Je dénierai le goût, l'esprit et l'ame
« Aux amateurs d'un chant délicieux;
« Et si quelqu'un me trouve audacieux,
« Je ferai voir, en solfiant la gamme,
« Qu'à l'Opéra, comme au Louvre installé,
« Je suis par-tout un docteur signalé. »
Gluck tressaillit. « Ah! dit-il, ma victoire
« Sera la vôtre. Et quel plaisir pour moi,

« En déployant les rayons de ma gloire,
« Que d'en couvrir ceux à qui je la doi.
« Non, mes amis, pour vous plus de ténèbres,
« A mes côtés vous vous êtes placés ;
« Autant que moi je vous rendrai célèbres,
« Et nos trois noms seront entrelacés.
« Je veux qu'on dise en pleine académie :
« Deux hommes nuls habitaient parmi nous.
« Ils ont de Gluck su vanter le génie ;
« En renommée ils nous surpassent tous. »
Dès ce moment plus tranquille et plus ferme,
Il fit donner son chef-d'œuvre nouveau.
Dieu sait le bruit qu'on en fit *au Caveau;*
C'était de l'art le modèle et le terme.
Dans tout Paris on criait : « Venez voir,
« Cela fait peur ; jamais rien de si noir ;
« C'est un extrait du plus sombre tragique,
« De mille horreurs un amas effrayant,
« Une tempête, un naufrage, une entrée,
« D'un goût féroce, où le Scythe aboyant
« Veut dévorer le petit-fils d'Atrée ;

« A cette fête une sœur, dont la main
« Va se plonger dans le sang de son frère,
« Qui s'est baigné dans le sang de leur mère,
« Qui de leur père a déchiré le sein :
« Tout au milieu de ces galanteries,
« Une ombre, un chœur de cinquante furies,
« Et cet Oreste aux enfers dévoué,
« Qui sur la scène a tout l'air d'un roué;
« C'est là trois mois le sabbat héroïque
« Qui réjouit le spectacle lyrique;
« Et pour le voir, tout d'avance est loué.
« Est-ce le drame ou le chant qui remue?
« On n'en sait rien, on n'en veut rien savoir.
« Les yeux, l'oreille, en un chaos si noir,
« Tout se confond; et quand l'ame est émue,
« Il est égal ou d'entendre ou de voir.»
Comme Attila, vainqueur de l'Italie,
Gluck ayant vu son parti triompher,
Va dans sa loge embrasser Rosalie.
En l'embrassant il semblait l'étouffer.
« Barbare Gluck, vous me tuez, dit-elle;

« Je ne tiens point à des cris si perçants.
« Ma voix s'éteint, je péris, je le sens.
« Ayez pitié d'une faible mortelle,
« Et, s'il se peut, modérez vos accents. »
Gluck la regarde et demeure inflexible.
« Moi m'adoucir! osez-vous m'en prier?
« Non, lui dit-il, c'est vouloir l'impossible;
« Si vous aimez la gloire, il faut crier.
« C'est en criant qu'on se montre sensible.
« — Et si je tombe expirante à l'autel?
« — Tant mieux, dit-il, nouvelle Iphigénie,
« En périssant victime du génie,
« Vous nous ferez un honneur immortel. »
Mais Rosalie encor mal résignée,
Fixant sur lui sa prunelle indignée:
« Cœur, lui dit-elle, aussi froid qu'un glaçon,
« Ame de fer, quelle est ta tyrannie!
« Non, à Milan tu n'as point pris leçon,
« Et tu n'as rien de l'aimable Ausonie.
« Au fond des bois les loups de Germanie
« T'ont allaité; leur cruel nourrisson

« A retenu leur sauvage harmonie :
« Mais avec eux la tendre Iphigénie
« Doit-elle aussi hurler à l'unisson ? »
Cette querelle a fait monter de Vîmes.
« Allons, dit-il, vous vous grondez pour rien.
« Les opéras, les ballets pantomimes,
« Le chant français, tudesque, italien,
« Tout sera bon, si la caisse va bien.
« — Et mes poumons, demanda Rosalie?
« — Soyez tranquille ; ils vous seront payés ;
« Sur mes états ils seront employés ;
« Rien n'est plus juste ; et la règle établie
« Veut qu'en dépense on porte à l'Opéra
« Tous les chanteurs que monsieur crevera. »
On fit la paix ; ce ne fut pas sans peine !
Mais Gluck la nuit eut un sommeil affreux ;
Et dans un songe il crut voir Melpomène
Qui lui disait : « Que fais-tu, malheureux ?
« Qui t'a permis de profaner ma scène ?
« Crois-tu le son d'un cornet à bouquin
« Plus éloquent que la voix de Lekain ?

POLYMNIE.

« On t'applaudit; et moi, je te déclare
« Que de deux arts détestable fléau,
« Tu rends le mien monstrueux et barbare.
« En bateleur va crier au préau;
« C'est là ta place. » Elle dit : Gluck s'éveille;
Il croit sentir allonger son oreille.
Et, soit le songe, ou les vins qu'il a bus,
Il est saisi d'un *colera-morbus*.
Chacun tremblait, la colique était forte;
Tronchin parut. « O vainqueur d'Atropos,
« Du noir Orcus venez fermer la porte,
« Ou c'en est fait de l'antique Mélos. »
C'était Trigaud qui parlait de la sorte.
Le beau docteur aisément à ces mots
De l'Opéra reconnut le vicaire.
« Monsieur l'abbé, laissez-nous en repos;
« Je n'ai besoin que d'un apothicaire. »
Trigaud, Finon, s'en allaient éperdus.
« Ah! s'il en meurt, quel refuge est le nôtre?
« Sur le pavé nous voilà l'un et l'autre,
« Disait Finon, nos travaux sont perdus. »

Gluck en revient. L'ami Trigaud s'empresse,
Accourt, l'embrasse et pleure de tendresse.
« Ah! lui dit Gluck, que n'ai-je pas souffert?
« J'ai cru toucher à mon heure dernière.
« Mais dites-moi quel est ce ruban vert
« Que j'aperçois à votre boutonnière?»
Trigaud répond : «C'est le prix éclatant
« De mes travaux. Un fameux journaliste,
« Pour ses hauts faits, vient d'en avoir autant ;
« Auprès de lui me voilà sur la liste
« de Saint-Lazare, et je mourrai content.
« — Ah! lui dit Gluck, un mérite si rare
« Doit en effet mener à Saint-Lazare. »
Gluck applaudi, Trigaud comblé d'honneur,
Sont tous les deux au faîte du bonheur.
Et cependant Polymnie, affligée,
Soupire, et dit : «Me voilà négligée. »
En soupirant Chatellux l'écoutait.
« Mon chevalier, je m'en vais, lui dit-elle,
«—Vous nous quittez! vous, touchante immortelle,
« Pour qui déja tant d'amour éclatait!

« Oubliez-vous qu'à ce même théâtre
« Plus que jamais Roland est applaudi?
« Oubliez-vous que du chant de Todi
« De jour en jour on est plus idolâtre?
« Chez nous d'abord tout est mode et parti;
« D'Iphigénie et du *Dindon rôti*,
« Le même jour, ce vain peuple s'amuse;
« Il applaudit Larrivée et Jeannot;
« Il quittera Corneille pour Lécluse;
« Et tour-à-tour il est sage et falot.
« Des nouveautés quelquefois la plus folle
« Est la plus chère à son humeur frivole;
« Et quelquefois s'ennuyant d'être gai,
« De sa folie il paraît fatigué:
« Le drame triste est alors son idole;
« Du blanc, du noir, amoureux par accès,
« C'est du moment que dépend le succès.
« Mais du caprice et de la fantaisie
« Quand une fois est passé le moment,
« Quand des partis la vaine jalousie
« Laisse au bon goût éclairer l'engouement,

« Ramène à lui ce peuple obéissant,
« Comme un troupeau, dans les prés bondissant,
« Revient le soir à la voix de son guide.
« — Ah ! dit la muse, en arrivant ici
« Je me flattais d'un succès moins pénible.
« — Il sera lent, mais il est infaillible,
« Dit Chatellux : Roland a réussi ;
« Et vainement un jongleur empirique
« Vient attrister nos plus heureux loisirs :
« De tous les arts et de tous les plaisirs
« Le rendez-vous est la scène lyrique.
« Enchanter l'ame et l'oreille et les yeux
« Sont les trois dons qui la rendent si chère ;
« Et qui détruit cet accord précieux,
« N'aura jamais qu'un succès éphémère.
« Laissez l'ennui doucement engourdir
« Tous ces esprits qu'on n'a fait qu'étourdir ;
« Mais épargnez notre triste folie,
« Et du mépris évitez le soupçon :
« Ce peuple est fier ; sa vanité polie
« Veut qu'on l'instruise, et non qu'on l'humilie ;

« Ce goût du vrai, ce goût pour le solide,
« C'est au plaisir à donner la leçon. »
Atys donna cette leçon touchante ;
Sensible Atys, déja ta voix enchante
Tous les échos du champêtre séjour
Où Piccini s'éveille au point du jour,
Et plein de toi, rêve, soupire et chante.
Mais au milieu de ses feintes douleurs
La muse en deuil, les yeux baignés de pleurs,
Vient l'affliger d'une douleur réelle.
« Ah ! mon enfant, quelle perte cruelle !
« Ce Traëtta, ton rival, ton ami,
« Vient de mourir, j'en reçois la nouvelle ;
« Sur son tombeau l'Italie a gémi. »
De Piccini la douleur fut sensible,
Mais non bruyante. Il se plaint sans effort,
Et cette plainte aurait fléchi la mort,
Si sa rigueur n'était pas inflexible.
Tous ses amis vinrent le consoler.
« Ah ! leur dit-il, consolez Polymnie ;
« Car elle perd un homme de génie,

« Bien digne, hélas! des pleurs qu'il fait couler.
« Il le connut, cet ensemble si rare
« Du grand, du vrai, du simple, du touchant;
« Il fut sublime, et ne fut point barbare;
« Il maria l'harmonie et le chant. »
Ainsi Caton fit l'éloge funèbre
Du grand Pompée; et l'artiste célèbre,
Du philosophe ayant l'air et le ton,
Fut simple et juste et vrai comme Caton.

Gluck cependant, enivré de sa gloire,
Vend aux Français sa drogue au poids de l'or;
Et son Écho, non moins triste, aussi noire
Qu'Iphigénie, est mieux payée encor.
Trigaud disait : « Si vous voulez entendre
« Un chant facile, harmonieux et tendre,
« Gluck dans Écho vous en donne à choisir.
« Là ce grand homme a joué de son reste,
« Et vous allez vous pâmer de plaisir. »
On donne Écho; mais c'est l'écho d'Alceste;
Le beau Narcisse est le pendant d'Oreste;

A leurs hoquets, il semble à tout moment
Qu'avant la scène ils ont pris l'émétique;
Et c'est encor ce long miaulement
Dont Gluck a fait son accent pathétique.
Il a chanté tout du mieux qu'il a pu.
Mais par malheur n'ayant point changé d'ame,
Toujours son style est dur, sec et rompu.
On s'assoupit; Trigaud croit qu'on se pâme;
Et sur la scène un spectre languissant,
Sombre, inquiet, dégoûté de lui-même,
Montre au public un long visage blême,
Et le parcourt d'un œil morne et glaçant :
C'était l'Ennui. Pour le chasser bien vîte,
De nos ballets on détache l'élite;
Et dès qu'il voit Théodore et Guimard,
L'Ennui s'éloigne et se tient à l'écart;
Mais du moment que s'en va Terpsychore,
L'Ennui revient plus affligeant encore.
Gluck dans sa loge en soutient le regard;
Il voit pourtant qu'il se fait dans la foule
Un vide affreux. Chacun bâille et s'enfuit.

A flots pressés le parterre s'écoule;
De loge en loge on détale sans bruit.
« L'ennui! disaient les hommes, c'est la mort.
« L'ennui! disaient les femmes, quel supplice! »
Chœurs et ballets désertent la coulisse,
Et tout l'orchestre, après un long effort,
Étend les bras, ferme l'œil, et s'endort.

Le fier Trigaud, qui n'aime pas les chûtes,
Dit à Finon : « Il est temps de partir. »
Gluck consterné, quand il les vit sortir,
Et *vous*, dit-il, et *vous aussi, mes Brutes!* »
Finon tourna la tête en souriant;
Mais pour Trigaud, il s'en alla criant,
« Que sans lui Gluck avait fait l'imprudence
« D'abandonner l'antique atrocité :
« Que s'il perdait de sa férocité,
« Il aurait beau s'appuyer de la danse,
« Que tous ses chants seraient tristes et lourds;
« Que de tout temps rebuté par les Graces,
« Il ne ferait, en marchant sur leurs traces,

POLYMNIE. 345

« Que le manége ou du singe ou de l'ours.
« — Hé quoi! l'ami, vous voilà bien sincère,
« Dit le jongleur; comme vous criaillez!
« Corsaire au moins doit ménager corsaire.
« Que feriez-vous si nous étions brouillés?
« — N'en doutez pas, dit Trigaud, nous le sommes.
« Voulez-vous pas que je tombe avec vous?
« Dans leurs succès je fais grand cas des hommes;
« Mais malheureux, je les fuis comme loups.
« Je sais fort bien qu'en changeant de la sorte,
« De mes amis je fais autant d'ingrats :
« Déja plus d'un s'en est plaint; mais qu'importe?
« J'aime la gloire, et si Bach m'en apporte,
« Bach est mon homme, et je lui tends les bras.
« — Va, lui dit Gluck, que ce langage irrite,
« Écornifleur de gloire et de mérite,
« Tu ne seras jamais qu'un faux savant,
« Un cerveau creux, un ballon plein de vent. »
A leur colère ainsi lâchant la bride,
L'un contre l'autre ils s'allaient culbuter :
Et le duo d'Achille avec Atride

A coups de poing s'allait exécuter.
Finon survient, et, trouvant le colloque
Trop sérieux, il voulut persiffler;
Mais Gluck, piqué d'un éloge équivoque,
Avec humeur commence à renifler.
« Holà, dit-il, monsieur de l'antiphrase;
« Vous avez beau prendre un ton suffisant,
« Vous êtes triste, et n'êtes pas plaisant.
« Votre génie est, dit-on, table rase :
« Cela vous fâche, et vous voudriez bien
« Pouvoir tirer quelque chose de rien. »

Au bruit naissant de la guerre intestine,
Tout essoufflée arriva Mélusine.
« Ah! malheureux! vous allez vous trahir;
« On vous écoute; on va se réjouir
« A vos dépens. Hélas! songez, dit-elle,
« Qu'à tous les trois cette guerre est cruelle.
« Vous qu'on a vus l'un de l'autre engoués,
« Qui vous louera si vous ne vous louez?
« Je vois d'ici Coquéau qui vous guette,

« Et qui pour vous est un petit fléau.
« Faites la paix, ou je romps ma baguette. »
Finon pâlit au nom de Coquéau.
L'ami Trigaud, et Gluck le bon apôtre,
Firent semblant de se rapatrier;
Et tous les deux promirent de crier
Qu'ils s'estimaient, qu'ils s'admiraient l'un l'autre.
Le doux Finon, plus sage et plus discret,
Eut dans la trève un article secret.

POLYMNIE.

CHANT DIXIÈME.

SOMMAIRE

DU DIXIÈME CHANT.

Piccini triomphe enfin de la cabale et de l'envie, et parvient a faire représenter Atys; Rosalie, sa plus cruelle ennemie, touchée de son chant divin, veut se réconcilier avec lui; mais Piccini, fidèle à l'amitié, lui représente qu'il regarderait comme un crime de se brouiller avec Laguerre, célèbre cantatrice; Rosalie, furieuse de se voir dédaignée, lui promet toute sa haine et lui tient parole; Atys est représenté, les plus beaux endroits sont travestis par les journalistes ennemis de Piccini; celui-ci ayant la conscience de son talent se désespérait de se voir maltraité, lorsque Polymnie le rencontre et lui dit: Calme-toi, tu as fait un bel ouvrage, dors en repos.

POLYMNIE.

CHANT DIXIÈME.

Un faux calcul de la prudence humaine,
C'est de compter que le goût, la raison,
La vérité, doivent germer sans peine;
Que de leurs fruits va venir la saison;
Qu'il faut l'attendre, et que le temps l'amène.
Attendez-la, vous l'aurez dans mille ans.
O gens de goût! vous aimez les talents;
Mais vous voulez en jouir sans fatigue.
En leur faveur vous formez une ligue;
Mais elle est froide, et c'est là son malheur;
Celle des sots a bien plus de chaleur!
Elle est active, intrigante, hardie;
Par aucun bruit elle n'est étourdie;

Elle ose tout, et ne rougit de rien,
Sait d'un rebut dévorer l'amertume,
Perd toute estime, et s'en passe fort bien;
Au ridicule aisément s'accoutume,
Et porte écrit sur son front insolent:
Gloire à l'intrigue, et malheur au talent.
Dans cette illustre et fatale journée,
Qui décidait si les chants ou les cris
Seraient en France adoptés ou proscrits,
De ses amis la muse environnée,
Sous ses drapeaux les voulut voir rangés.
Elle croyait retrouver dans l'arène
Tous les héros du vieux coin de la reine;
Les uns sont morts, et les autres changés.
Non que jamais le goût et le génie,
Pour Mélusine oubliant Polymnie,
Les Saint-Lambert, les Buffon, les Turgot,
Se soient rangés du parti des Trigaud;
Mais la plupart, fatigués des alarmes,
En vétérans ont suspendu leurs armes.
Une autre gloire embellit leur repos.

Vieillir en paix est le droit des héros.
C'est donc en vain que la muse a pour elle
Les plus brillants des esprits cultivés,
Les plus profonds et les plus élevés.
Chez les beaux-arts sa grace naturelle
Charme, il est vrai, tous les talents heureux;
Cochin, Vernet, sont de ses amoureux;
Mais leur amour ne veut point de querelle.
Qu'un chant nouveau soit bien ou mal construit,
Que Trigaud bâille, et que Finon solfie,
Chacun pour soi songe à vivre sans bruit,
Grace aux progrès de la philosophie.
L'abbé Delille avec son air enfant
Se rangera du parti triomphant :
A tous les goûts son humeur s'accommode.
Thomas le sage est ravi d'un beau chant,
Et d'un pas libre il suivra son penchant,
Mais sans heurter la sottise et la mode.
D'Holbach nous dit qu'il faut jouir en paix,
Que la nature a fait tant de merveilles,
Qu'on peut fort bien ne pas trouver mauvais

Qu'elle ait aussi fait de longues oreilles,
Des sens obtus et des crânes épais.
Grimm suit la muse en courtisan timide;
La Harpe seul est encore intrépide.
Hélas! et toi, vertueux Chatellux,
Tu vas braver les Anglais et l'orage;
Tandis qu'ici le flux et le reflux
D'une autre mer, nous expose au naufrage.
Pour d'Alembert, il verra du balcon
Flotter le sort et d'Atys et d'Armide;
Et sa maxime est celle de Bâcon:
Que le repos est le seul bien solide.
Si l'âge en eux affaiblit la valeur,
Muse! pardonne, ils négligent ta cause;
Ils ont de même abandonné la leur.
Que l'esprit sage est une belle chose!
Mais qu'il est loin de l'esprit cabaleur!
On voit déja que de nos adversaires
L'heureux parti se grossit tous les jours
De criailleurs, d'intrigants, d'émissaires.
Trigaud remue et harangue toujours;

Et ce n'est plus la querelle inutile
De la virgule avec le point final;
On laisse là le petit arsenal
D'une critique ignorante et futile.
Avec plus d'art et bien plus de noirceur,
Dans les cafés, les boudoirs, les ruelles,
La politique et l'intrigue, sa sœur,
Nous ont tramé des disgraces cruelles.
Aimer les cris est le ton de la cour;
Haïr le chant est la mode du jour.
On paraît las des émotions douces;
On a besoin de plus fortes secousses.
Ce public même, aux sens si délicats,
Des voluptés ne fait plus aucun cas;
Et, s'ennuyant des tendres rêveries,
Il veut du sang, des spectres, des furies;
A l'Opéra son plaisir est la peur;
Il ne craint plus de tomber en vapeur,
Et, de la mode effets inexplicables,
Ses nerfs, si fins, sont devenus des câbles.
L'exemple gagne avec rapidité.

Pour se donner un air de qualité,
Des basses-cours la légère famille,
Le petit fat, la caillette gentille,
Sont devenus gluckins par vanité.
Toi qui charmais la Fayette et Thiange,
Toi qu'aimaient tant Saint-Aulaire et Coulange,
Sensible Atys, tes beaux jours sont passés.
La pitié tendre a perdu son empire;
On ne veut plus d'un amant qui soupire;
Et pour Atys tous les cœurs sont glacés.
On dit déja que, dans sa mélodie,
L'Italien ne saurait émouvoir;
On ne connaît de couleur que le noir;
Et dans Atys tout n'est pas tragédie.
« —Mais quoi! l'amour sensible, intéressant?
« —C'est du vieux style. —Et s'il est gémissant,
« Et si sa plainte est naïve et touchante?
« — Elle ennuiera. L'on ne veut pas qu'il chante;
« On veut qu'il soit féroce, meurtrier,
« Qu'il fasse horreur, car l'horreur nous enchante.
« Et que de Gluck il apprenne à crier. »

Environné d'un si terrible orage,
Quand Piccini manquerait de courage,
Quand de la mode il subirait le joug,
Et dans Atys ferait un peu de Gluck,
A votre avis serait-il condamnable?
Bach a cédé; Bach est bien pardonnable :
Il chante mieux chez le peuple breton;
Mais nous, Français, il nous a crus barbares :
Il veut nous plaire; à l'exemple, au bon ton,
Pour résister, il faut être un Caton;
Et les Catons sont devenus fort rares.
Grétry lui-même est subjugué, dit-on,
Intimidé, séduit par le Breton;
Il va crier en écolier qu'on fouette.
De rossignol il se change en chouette.
Je plains Grétry : croyant voler plus haut,
Il va tomber; mais il a vu Trigaud.
De Piccini l'ame a plus de constance :
Sûr de lui-même, et fidèle à son art,
« Le beau, dit-il, paraît beau tôt ou tard,
« Et seul des temps franchira la distance.

« Le faux, l'outré réussit un instant :
« La mode en passe, on a perdu ses veilles ;
« Et quoi qu'on dise, il est toujours constant
« Que pour nos chants le ciel fit nos oreilles. »
Pour ébranler l'homme simple et benin,
On fit agir et la ruse et la force;
Mais ni la haine avec son noir venin,
Ni l'artifice avec sa douce amorce,
Ne l'empêcha de faire un chant divin;
Tel, au sommet du bruyant Apennin,
Lorsque des vents la fureur se déchaîne,
De tous côtés secouant un vieux chêne,
A le ployer ils travaillent en vain;
L'arbre robuste, à l'épreuve de l'âge,
Laisse à leur souffle agiter son feuillage ;
Mais sur sa tige immobile, affermi,
Sa dure écorce et son bois inflexible
Offrent toujours un repos invincible
Aux vents lassés d'avoir en vain frémi.
Vous me direz que Piccini ressemble
Fort mal au chêne, et beaucoup mieux au tremble;

POLYMNIE.

Mais il faut bien, dans les petits sujets,
De temps en temps agrandir ses objets.
Pour mon héros le moment difficile,
C'est quand tu viens, suppliante et docile,
O Rosalie! avouer que le chant
Le plus forcé, n'est pas le plus touchant,
Et que l'accent d'un cœur tendre et timide
N'est pas le cri qu'on jette en accouchant.
Elle demande à jouer Sangaride.
« Homme divin, je suis à vos genoux;
« J'ai fait, dit-elle, un peu crier Armide;
« Mais il fallait hurler avec les loups.
« Ma voix, que Gluck avait mise au supplice,
« Conserve encor des accents assez doux.
« Dans sa victime oubliez sa complice;
« Je crois valoir ma rivale; et, d'ailleurs,
« J'ai des amis, et j'en ai des meilleurs. »
De beaux yeux noirs, une taille, une mine
Fière et friponne, imposante et mutine,
Parlaient pour elle; et mon Napolitain
La convoitait d'un regard libertin.

« Hélas! dit-il, je serais infidèle
« Avec plaisir; mais *Laguerre* a pour moi
« Tant d'amitié, que me détacher d'elle
« Serait un crime. Elle a reçu ma foi,
« Et des ingrats je serais le modèle;
« Elle n'a point de crédit à la cour;
« Mais elle chante, et sa voix est si belle! »
A ce refus nettement expliqué :
« Quoi! dit la nymphe, avec un air piqué,
« Oubliez-vous que c'est moi qui vous prie?
« Ignorez-vous que déja l'on parie
« Qu'Atys aura même sort qu'Amadis?
« J'en suis certaine, et je vous le prédis. »
A ce discours, qu'un fier coup-d'œil achève,
De Piccini la vertu se relève.
« J'ai craint, dit-il, votre aimable douceur;
« Elle touchait mon faible et tendre cœur;
« Mais ce haut ton l'endurcit et le glace;
« C'est là sur moi ce que fait la menace.
« J'ignore encor chez vos légers Français
« De mon Atys quel sera le succès.

POLYMNIE.

« Le vieux marquis et la vieille duchesse
« Vont de Lully regretter la richesse.
« Le jeune fat et le sot élégant,
« Et l'intrigant et le sous-intrigant,
« Se donneront le mot pour me détruire,
« Et prétendront me juger et m'instruire.
« Je le veux bien, je m'y suis attendu;
« Mais vingt-cinq ans d'un travail assidu,
« Une pénible et sérieuse étude,
« Quelques succès, une longue habitude,
« M'ont à moi-même appris ce qui m'est dû.
« Des ignorants je méprise l'audace:
« Par mes pareils je me sens protégé,
« Et dans mon art, pour me mettre à ma place,
« Je n'attends point que Trigaud m'ait jugé.
« Dans tous les arts dont il a des modèles,
« Paris sans doute est un juge excellent;
« Et sur la foi de ces guides fidèles,
« Ce peuple enfin rend hommage au talent;
« Mais en musique il est encor novice;
« Et j'ai vieilli dans cet art où Finon

« Croit rabaisser mes travaux et mon nom.
« Je ne crains point que Finon m'avilisse;
« Il juge, et moi j'ai cent fois réussi;
« Il a du goût; j'en ai peut-être aussi.
« Je crois sentir cet instinct dans mon ame,
« Quand de Léo le souvenir m'enflamme;
« Quand je tressaille aux airs de Galuppi,
« Quand Pergolèze ou Porpora déclame;
« Ou, lorsqu'au ciel je crois être ravi
« Par les accents de mon cher Sacchini.
« Voilà mon juge, et c'est lui que j'atteste;
« Mais non Langlet, encor moins Corancé.
« Par eux, par vous, je me vois offensé;
« J'ai droit de rompre un silence modeste.
« Pour plaire ici je n'ai rien négligé.
« Si c'est en vain, j'en puis être affligé;
« Mais, de Trigaud sans avoir l'assurance,
« Je puis ailleurs porter mon espérance;
« Et, de mon sort à Paris mécontent,
« Naples m'appelle, et l'Europe m'attend. »
  Atys s'annonce : un spectacle magique,

POLYMNIE. 363

Des vers touchants, un langage épuré,
Un chant divin, un récit énergique,
Vrai, plein de grace et de force tragique,
Tout lui présage un triomphe assuré :
Et le parterre est pour lui conjuré;
Le franc bourgeois trépigne dans les loges;
On applaudit en vrai républicain;
Et le plaisir, le plus vrai des éloges,
Perce à travers tout le parti gluckain.
Eh? quelle oreille, à moins d'être engourdie,
Peut résister à tant de mélodie?
Qui peut vouloir, après un chant si beau,
Chasser le cygne, et garder le corbeau.
Qui? Cette loge où l'intrigue domine,
Ce courtisan qui compose sa mine,
Et qui demain croira plaire au dîné,
En annonçant le bon goût ruiné.
Eh! mes amis! à Versaille on les chante,
Ces airs d'Atys. La cour n'est pas méchante;
Elle protége, elle n'opprime pas;
Et la bassesse aura perdu ses pas.

N'importe : on veut que Piccini s'en aille.
« Il réussit, disons qu'il est tombé.
« On applaudit ; assurons que l'on bâille ;
« Témoin Finon, témoin monsieur l'abbé. »
De Piccini l'œil observant la salle,
Voit le complot de l'illustre cabale.
« Hélas ! dit-il, d'un air doux et serein,
« Ils ont le cœur armé d'un triple airain. »
Sur le théâtre il trouva Polymnie
Qui, l'embrassant, ne lui dit que ces mots :
« L'ame, l'esprit, le goût et le génie,
« Sont dans Atys ; va dormir en repos. »

POLYMNIE.

CHANT ONZIÈME.

SOMMAIRE

DU ONZIÈME CHANT.

Piccini rassuré par Polymnie s'endort et fait le songe le plus brillant, la déesse lui fait d'abord voir les tourments qui sont infligés aux enfers, aux hommes de mauvaise foi, aux critiques sans goût et sans jugement, aux Zoïles et à tous les folliculaires leurs complices; ensuite la muse transporte le compositeur aux fêtes célestes; là il trouve tous les génies qui ont honoré la France, et qui ont été aussi pendant leur vie en butte aux passions déchaînées des envieux; tout-à-coup Piccini s'éveille, et va raconter ce songe à Polymnie qui lui répond :

Va, sois heureux, ce songe est un oracle.

POLYMNIE.

CHANT ONZIÈME.

Heureux l'auteur dont la muse attentive
Vient à propos ranimer les esprits,
Et relever l'espérance craintive,
Quand de la gloire il dispute le prix!
Livré, soumis à la mode changeante,
Au goût fantasque, au caprice léger,
A l'ignorance encor plus affligeante,
Sait-il jamais comme on va le juger?
Enfant des arts, un succès t'encourage;
L'envie accourt et suscite un orage:
Le ciel se trouble, et le vent va changer.
Heureux alors si, du haut du rivage,
Un dieu t'excite à braver le danger.

Tel, à ta voix, auguste Melpomène,
L'auteur du Cid se sentait raffermi,
Et le cœur plein de la grandeur romaine,
Bravait l'orgueil d'un prélat ennemi.
Tel quand Racine, en butte aux précieuses
De Rambouillet, s'en voyait assaillir,
Qu'elles portaient leurs dents malicieuses
Sur les lauriers qu'il venait de cueillir,
Il entendit le dieu de l'harmonie
Qui lui disait : « Phèdre et Britannicus
« Sont immortels : tes rivaux sont vaincus :
« Le bel-esprit ne peut nuire au génie. »
Ainsi Voltaire, entouré d'ennemis,
Qui croyaient voir tomber Sémiramis,
Sémiramis d'abord si déchirée,
S'entendait dire, à côté du tombeau,
Par le démon qui l'avait inspirée :
« Tu n'as jamais rien produit de si beau.
« A mon héros sa compagne céleste
« De temps en temps daigne parler aussi ;
« Et de-là vient le courage modeste

« Et l'air serein dont il voit tout ceci. »
A son souper ses amis l'environnent.
« Vous avez fait un ouvrage divin,
« Lui disent-ils; mais, hélas! c'est en vain.
« L'on ne veut plus que nos mains vous couronnent.
« L'opéra change; on vient de décider
« Qu'en Italie, à Pâque, on vous relègue. »
« Tandis qu'ici Trigaud et son collègue
« Contre le chant vont toujours clabauder ;
« Et que Finon, travaillant à sa gloire,
« A fait lui-même un superbe mémoire,
« Où, dédaignant le vain titre d'auteur :
« Je suis, dit-il, traducteur, éditeur,
« Compilateur, gazetier, journaliste,
« Déclamateur, et puriste et sophiste ;
« De Nicolet je suis même censeur,
« Et je le suis d'Audinot le farceur.
« Ce n'est donc plus sans raison et sans titre
« Que des talents je me nomme l'arbitre.
« Mon tribunal une fois érigé,
« Des beaux-esprits toute la république

« Est à mes pieds. Le poëme lyrique
« Sera mon lot. Trigaud, mon agrégé,
« De son côté jugera la musique ;
« Et sous nos yeux tout sera corrigé. »
Tel est le plan que Finon se propose.
En sa faveur déja tout se dispose,
Et soyez sûr qu'il n'a rien négligé.
« Dans ce pays tout va le mieux du monde,
« Dit le bon-homme. Il faut céder au vent ;
« Il changera, car il change souvent.
« En attendant qu'à nos vœux il réponde,
« Laissant flotter ma barque au gré de l'onde,
« Dormons en paix ; car la Muse l'a dit ; »
Et sur ses yeux le sommeil descendit.
Ce doux sommeil dont il a peint les charmes.
Par un beau songe apaisant ses alarmes,
Lui fait rêver que, du vol de l'éclair,
Avec sa Muse il voyage dans l'air ;
Et que du monde oubliant les affaires,
Il fend l'espace, il traverse les sphères,
Et va si loin, qu'il arrive aux enfers :

Il voit d'abord le grand laboratoire
De la vengeance, et cette prison noire,
Ce vaste abyme, où Virgile, en beaux vers,
Fait retentir les fouets et les fers,
Au bruit d'un chœur lamentable et terrible.
« Ceci n'est fait que pour le drame horrible,
« C'est du vrai Gluk, dit la Muse, passons; »
Et le héros en avait des frissons;
Il parcourut ce tranquille Élysée
Où l'on s'ennuie à force de loisir;
Car volupté qui n'est pas aiguisée
Par quelque peine est un fade plaisir.
« On t'a décrit tout cela, dit la Muse :
« Cherchons plus loin quelque objet qui t'amuse;
« Un voyageur aime les nouveautés;
« Et l'on est las des antiques beautés. »
Près d'une étable en forme de caverne,
Il aperçoit un troupeau de damnés,
S'abreuvant tous au bourbier de l'Averne,
Et dans la fange à croupir condamnés.
« Quels sont, dit-il, ces animaux immondes,

« Ce vil troupeau, le rebut des deux mondes,
« Qu'on voit plonger dans ce limon infect?
« Tu vois, répond la belle Polymnie,
« Les ennemis des arts et du génie.
« Le Dieu du goût redoutait leur aspect.
« Nuire aux talents fut leur triste manie.
« Des châtiments qu'on inflige ici-bas,
« Il en est un que n'auraient pas dû taire,
« Virgile, Dante, et Milton et Voltaire,
« Et que là-haut vous ne connaissez pas:
« C'est le tourment du méchant imbécille,
« Qui de médire exerçait l'art facile.
« Il est bien vrai que sa correction
« N'approche pas du travail d'Ixion:
« Un sot n'a pas les honneurs du Tartare;
« Mais tu vas voir, autour de cette mare,
« Que les talents ont des vengeurs par-tout,
« Et que Minos est un homme de goût. »
Il vit alors ces crapauds de l'Averne,
Ces sots méchants se traînant aux genoux
D'un fier démon qui les rassemblait tous.

Il parle ; on tremble, et chacun se prosterne.
« Lâches, dit-il, au mépris dévoués,
« Pour votre peine admirez et louez. »
Alors chacun, les yeux sur un volume
Qu'il a souillé du venin de sa plume,
Lit en silence, et médite humblement :
Du vil Zoïle Homère est la lecture ;
De Mœvius Virgile est le tourment ;
De Scudéry Corneille est la torture ;
De Subligny Racine est l'aliment.
Fréron lira Voltaire incessamment ;
Et cependant un grand diable est derrière,
Qui, du lecteur acolyte assidu,
Au bel endroit qu'il n'a pas entendu,
L'en avertit par un coup d'étrivière.
Autant de traits sublimes ou touchants,
Autant de coups appliqués aux méchants.
Au dos courbé de ce lourd Desfontaines,
Il en pleuvait, comme on dit, par centaines ;
Et la Beaumelle et mille autres damnés
En avaient tous les muscles sillonnés.

On attendait à l'école infernale
Les Sabatiers à la plume vénale,
Les Palissots, les Linguets, les Cléments,
Et les Trigauds, ce peuple de méchants.
Quoi! le Prieur aussi? belle demande!
Ce sera lui qui mènera la bande;
Et l'on dira: Place au juré crieur,
Place à l'abbé, place au digne prieur.
Allons-nous-en; car leur peine m'afflige,
Dit le bon-homme; et des enfers aux cieux
Leur vol rapide à l'instant se dirige.
Il est franchi ce vide spacieux,
Et les voilà dans un lieu délectable,
A l'heure même où les Dieux sont à table.
« Dieux immortels, dit la Muse en entrant,
« Je vous amène un chantre inimitable; »
Et Piccini rougit en se montrant.
Quel fut l'accueil de l'immortelle troupe?
On l'imagine. « Allons vîte, garçon,
« Dit Jupiter à son jeune échanson,
« A boire au chantre, et verse à pleine coupe. »

Auprès de lui Phœbus l'a fait asseoir.
« Je le connais, dit-il, et sur le Pinde
« A le chanter je m'amuse le soir;
« Je sais par cœur l'*Alexandre dans l'Inde.* »
Quand Piccini, de nectar abreuvé,
Au rang des dieux se vit presque élevé :
« Je veux, dit-il, présider à vos fêtes;
« Ici du moins les maîtres sont honnêtes,
« Il n'en est pas de même des valets;
« Car les Trigauds, les Finons, les Langlets,
« M'ont fait là-bas une infernale guerre.
« Vous le savez, justes Dieux! — Ma foi, non,
« Dit bonnement le maître du tonnerre;
« Eh! dans le ciel qui connaît ces gens-là!
« Vous les avez pourtant faits? — Halte là!
« Reprit le dieu, dans le ciel, sur la terre
« Je puis donner des lois aux éléments,
« Leur imprimer une force première,
« Captiver l'onde, épandre la lumière,
« Prescrire à l'air ses fougueux mouvements :
« Je puis aussi des fortunes publiques

« Faire jouer les ressorts politiques;
« Et dans ma place il est juste et décent
« De s'occuper du grand homme naissant.
« Mais penses-tu que jamais je descende
« Jusqu'au détail des mouches, des fourmis,
« Et que le soin de Jupiter s'étende
« Jusqu'aux Trigauds, tes obscurs ennemis.
« Assurément la gloire en serait grande!
« Laissons voler la guêpe, et le frélon,
« Et couronnons le plaisir de la table.
« Au clavecin, je veux, dans mon salon,
« Faire chanter cet ami d'Apollon. »
Piccini chante, et le ciel équitable
Paraît charmé d'Atys et de Roland.
Cybèle seule interdite et confuse
Trouvait son rôle un peu trop violent;
« Cette licence est donnée au talent,
« Dit Jupiter; il faut bien qu'il en use (40);
« Nous nous jouons de ce pauvre univers;
« A nos dépens permettons qu'il s'amuse.
« Tout se pardonne à qui fait de beaux vers.

« On rit de nous, et tant mieux que l'on rie.
« Ovide a dit que j'aimais en taureau;
« J'ai pris cela pour une allégorie.
« Valait-il mieux d'une plaisanterie
« Lui faire un crime, et m'armer d'un carreau?
« Non, croyez-moi, ce n'est pas une affaire,
« Que nos amours soient ainsi publiés:
« Malheur à nous, s'ils étaient oubliés.
« Laissons-les dire, et qu'ils nous laissent faire.
« A l'Opéra je ne trouve mauvais
« Qu'un mauvais chant qui ne peint ni n'exprime;
« Et vos deux airs sont, ma foi, si parfaits,
« Que du poëte ils effacent le crime,
« Et qu'Apollon les voudrait avoir faits. »
Si de nos rois le suffrage nous touche,
Combien l'éloge est flatteur dans la bouche
Du roi des dieux! aussi mon doux rêveur
Avec délice en goûta la saveur :
Dans son délire il prélude, et sa verve
Semble annoncer la présence des dieux.
Toujours savant, toujours mélodieux,

Il enchantait et Vénus et Minerve;
Et de sa gloire il était radieux.
Alors Phœbus, qui l'écoute et l'observe,
Lui dit, de l'air dont il fait les beaux jours:
« Sage inventeur, riche et fécond génie,
« En toi la grace à la force est unie;
« Chante, et sois sûr que tu plairas toujours.
« L'Envie a beau te disputer l'hommage
« Qu'aux vrais talents accorde l'univers;
« Du noir chaos enfin tout se dégage;
« Le bon esprit formera le bon goût.
« Avec le temps il triomphe de tout:
« Sans éblouir doucement il éclaire;
« Rare en naissant, il devient populaire;
« Il a vengé Lemoine et Lesueur;
« Mis à leur place et Racine et Voltaire,
« Et sur ton art jeté quelque lueur;
« C'en est assez: ton épreuve est finie.
« Je vois déja, sans l'attirail bruyant
« D'un noir enfer et d'un spectre effrayant,
« Je vois Pilade, Oreste, Iphigénie,

« Faire couler des pleurs délicieux;
« Je vois un peuple, enfant capricieux
« Goûter enfin la céleste harmonie,
« Et s'enivrer de ton chant précieux.
« Par le mépris l'insolence est punie,
« Tes ennemis baissent enfin les yeux;
« Et Melpomène, embrassant Polymnie,
« Porte sa gloire et ton nom jusqu'aux cieux.
« Chante, et sois sûr de fleurir d'âge en âge. »
Il dit. Témoin de cet heureux présage,
Pour l'affirmer, Jupiter sourcilla.
De ce clin-d'œil la secousse profonde
Fit tressaillir les deux pôles du monde,
Et de frayeur Piccini s'éveilla.
« Hélas, dit-il, je n'ai donc fait qu'un songe?
« Peines, soucis et contrariétés,
« Sont à Paris de tristes vérités;
« Et le bonheur est lui seul un mensonge. »
A Polymnie il va tout raconter.
« Pardon, dit-il, si j'ai pu me flatter
« Qu'exprès pour moi se ferait un miracle. »

En souriant la Muse l'entendit,
Le regarda tendrement et lui dit :
« Va, sois heureux; ton songe est un oracle. »

FIN DE POLYMNIE.

NOTES.

NOTES.

CHANT PREMIER.

Page 176, vers 21.

Au Champenois qu'aimait la Sablière.

L'amitié de madame de la Sablière pour notre immortel fabuliste est devenue historique; c'était cette dame qui disait si plaisamment : « il y a trois personnes qu'il ne « faut pas oublier dans mon déménagement, mon chien. « mon chat et mon la Fontaine. »

Page 182, vers 10.

Nous y venons, mais en bonne fortune
Répond Virgile.

Des personnes qui ont entendu Marmontel lire son poëme de Polymnie, assurent qu'il avait fait en cet endroit un éloge fin et délicat de la traduction des Géorgiques par l'abbé Delille; on regrette beaucoup que ces vers ne se soient pas retrouvés : il est impossible de penser qu'ils aient été supprimés volontairement par l'auteur, puisque Marmontel et Delille sont constamment restés unis par les liens de la plus tendre amitié.

Page 185, vers 6.

On dit qu'en France elle a peint mon Armide,
Répond le Tasse, et l'a peinte encor mieux.

On sent qu'il ne faut pas prendre à la lettre l'éloge que le Tasse fait de Quinault. Marmontel ne pouvait pas décemment lui faire tenir un autre langage, mais il est certain que, malgré le mérite très-réel de l'Armide française, celle d'Italie, outre l'avantage d'être venue la première, possède d'autres qualités qui lui assurent la prééminence.

CHANT DEUXIÈME.

Page 192, vers 10.

Au devant d'elle accourut Métastase.

L'abbé Métastase, né à Vienne, a fait dans la langue italienne un nombre immense d'opéras, de tragédies, et de poésies fugitives; c'est un écrivain devenu classique en Italie.

Page 193, vers 6.

Là, cent beautés à l'entour de quinze ans.

Qu'il nous soit permis de faire observer que ce vers aurait sûrement été retouché par Marmontel, s'il eût vécu. Nous ne croyons pas qu'il soit possible de dire *à l'entour de quinze ans*, pour dire qui ont environ quinze ans.

NOTES.   385

Page 195, vers 6.

Et que le sang coule sur son autel.

Il est inutile de rappeler à quel supplice barbare on livrait en Italie les enfants au moment de leur naissance pour qu'ils eussent une plus belle voix; je dis qu'on les livrait, parce que j'espère que cet usage horrible est tombé en désuétude, et qu'on ne se croit plus le droit d'immoler des hommes pour former des virtuoses.

Page 197, vers 7.

Heureux Vinci : tu seras inventeur.

Vinci, célèbre compositeur, né à Naples, a fait une *Didone* que les connaisseurs regardent comme un chef-d'œuvre. A compter de ce vers jusqu'à la fin du chant, Marmontel s'est montré aussi grand poëte que fin connaisseur en musique.

CHANT TROISIÈME.

Page 205, vers 17.

Hasse et Leo se flattaient de vous plaire.

Hasse et Leo célèbres pendant la vieillesse de Vinci; Leo fut le maître de Piccini, pour lequel le poëme de Polymnie a été composé.

NOTES.

Page 207, vers 7.

On ne vit point une troupe servile.

Ce vers et les suivants font allusion aux intrigues mises en usage par les partisans de Gluck pour nuire aux succès de son célèbre rival.

CHANT QUATRIÈME.

Page 218, vers 13.

Ah! c'est Voltaire, et je suis aux *Délices*,
S'écria-t-elle : oracle des Français.

Marmontel, parfaitement accueilli par Voltaire, en arrivant à Paris, n'oublia jamais les obligations qu'il lui avait, et s'il lui a quelquefois adressé des louanges outrées, le motif de cet enthousiasme est trop noble pour qu'on puisse lui reprocher ses éloges.

Page 220, vers 18.

Ouï parler des cris de Mélusine.

Beaucoup de personnes disent par corruption Merlusine.

Page 226, vers 5.

De ce Paris que l'image nous trompe!

Les trente-six vers qui suivent et dont on remarquera le tour piquant et le coloris ne se trouvent pas dans l'édition contrefaite. Ce qui prouve que cette édition n'a été publiée que d'après des lambeaux informes, que des auditeurs indiscrets avaient recueillis lorsque Marmontel lut son poëme chez M. Necker, chez madame de Damas, et dans les sociétés les plus distinguées de la capitale.

Page 232, vers 14.

L'abbé Trigaud qu'il a pris pour modèle.

L'abbé Arnaud; il était en querelle ouverte avec Marmontel, qui fit contre lui l'épigramme suivante :

> Arnaud le métaphoriseur,
> De mots ampoulés grand diseur,
> Fait savoir à tous qu'en peinture,
> En musique, en littérature,
> Il s'établit dogmatiseur,
> Réviseur et préconiseur ;
> Qu'exprès, pour régenter le monde,
> Il est venu de Carpentras ;
> Qu'on prend ici pour du fatras
> Son érudition profonde ;
> Mais que de sa docte faconde
> Le chevalier Gluck fait grand cas.
> Des talents juré pédagogue
> Il ne fait rien mais il sait tout ;
> On peut dire qu'en fait de goût
> Il égale au moins Chrysologue ;
> Personne encor, depuis Ronsard,
> N'a comme lui possédé l'art
> De l'emphase et de l'hyperbole ;
> Il vendra son orviétan

Au bas du pont, quai de l'école,
A l'enseigne du charlatan.

AUTRE DU MÊME CONTRE LE MÊME.

Je ferai;.... j'ai dessein de faire....
J'aurais fait si j'avais voulu....
Je ne sais pourquoi je diffère,
Mais enfin j'y suis résolu,
Fais donc, et voyons cette affaire;
Courage! eh! quoi! te voilà pris!
Ton feu s'éteint, la peur te gagne,
Accouche, et qu'enfin la montagne
Enfante au moins une souris.

CHANT CINQUIÈME.

Page 252, vers 11.

Vois si Racine est moins doux que Virgile.

Marmontel fait une comparaison aussi fine que judicieuse en rapprochant Racine de Virgile; ces deux poëtes ont une telle analogie qu'on peut dire que Racine est le Virgile français ou Virgile le Racine latin.

Page 256, vers 2.

L'élégant Monsigny....

Monsigny, compositeur célèbre, auteur de Félix et du Déserteur, a su donner à la musique française une force et une expression admirables; il excellait sur-tout dans les morceaux de sensibilité, et on ne peut pas retenir ses larmes en entendant le fameux trio *nous travaillerons*, etc.

Page 256, vers 8.

Bientôt Grétry, plus adroit et plus sage.

Grétry, émule de Monsigny, moins tendre et moins énergique, mais plus piquant et plus varié; on l'a surnommé *le Molière de la musique*. Il a travaillé très-souvent avec Marmontel, et aucun auteur n'a joui de son vivant d'une réputation aussi peu contestée. Sylvain, Zémire et Azor, le Tableau parlant, l'Ami de la maison, sont ses titres à l'immortalité, et font tous les jours les délices des amateurs.

Page 263, vers 2.

En qui Garrick n'avait rien désiré.

Garrick, célèbre acteur anglais, qui jouait également bien le genre tragique et le genre comique; il est convenu, après avoir vu Préville, qu'il croyait n'avoir qu'un rival et qu'il avait trouvé son maître.

Page 263, vers 14.

Et ce Clairval plein d'esprit et de grace.

Clairval était un des acteurs qui jouaient avec le plus de grace et d'expression. Personne ne portait mieux que lui l'habit habillé. De tous les acteurs modernes, Elleviou est le seul qui l'ait rappelé quelquefois.

NOTES.

Page 267, vers 16.

Qui chantera l'amour fier et jaloux
Mieux que Roland ou Médée en courroux.

Roland est celui de tous les opéras de Piccini qui a eu le plus de succès; voici de quelle manière s'explique à ce sujet un journaliste de l'époque.

« Il n'y a jamais eu d'opéra dont les répétitions aient été plus pénibles, plus orageuses, plus bruyantes que celles de Roland. Les chanteurs et l'orchestre, également étrangers au nouveau genre de musique, perdant sans cesse la mesure, retombaient tantôt dans les cris précipités de Gluck, tantôt dans la lourde et traînante psalmodie du bon Lulli. On ne savait auquel entendre, et tandis que le chevalier Gluck se donnait les plus grands mouvements pour remonter la discordante machine, son émule et son rival demeurait tranquille dans un coin du théâtre et se désespérait tout bas. Il n'y a personne en les voyant là pour la première fois qui n'eût pris l'Allemand pour le Napolitain, et le Napolitain pour l'Allemand. M. Marmontel cependant séchait sur pied; il pressait, tourmentait son ami Piccini de ne pas s'abandonner ainsi lui-même, « montrez-leur donc le vrai mouvement de cet air, vous voyez qu'ils ne s'en doutent pas. » Piccini levait les yeux au ciel et répondait doucement : Ah! tutto va male, tutto.

Enfin, à force de patience, de peines et de prières, on est parvenu à faire exécuter cet opéra, et à le faire exécuter si bien, qu'en dépit de toutes les cabales et de la nouvelle et de l'ancienne musique, jamais opéra nouveau n'a été suivi avec plus d'empressement. Le parti des gluckistes s'obstine à soutenir que c'est une musique de concert charmante et rien de plus; qu'elle flatte l'oreille mais ne touche point l'ame; qu'elle est faite pour plaire, mais qu'elle n'excitera jamais cet enthousiasme, ces transports brûlants que leur fait éprouver la sublime mélodie d'Alceste et d'Orphée. Les faibles, mais vénérables restes du parti qui maintient encore la gloire de l'ancien opéra, en maudissant la main sacrilége qui osa toucher aux chefs-d'œuvre de Quinault, reconnaissent de bonne foi qu'il y a dans la nouvelle musique de Roland d'assez jolies choses, mais ces beautés du petit genre leur paraissent indignes de la majesté de l'opéra, cela ne répond point à l'idée qu'ils se sont faite de la grandeur de ce spectacle, cela ne remplit point leurs oreilles comme de coutume; ils se croient transportés sur les tréteaux de la foire ou sur le théâtre de la comédie italienne. Les amateurs qui nous ont paru réunir aux connaissances les plus exactes la plus grande impartialité, s'accordent à dire qu'on n'a jamais entendu à l'opéra, un chant plus suivi, plus suave, plus délicieux; mais ils pensent que la complaisance avec laquelle M. Piccini a bien voulu céder à tous les avis, à tous les conseils dont il a cru avoir besoin lui-même, a nui à la hauteur de son génie. On lui a lié les ailes, on lui a ôté la moitié de son essor. Il a fait des choses agréables parce qu'il n'en peut pas faire d'autres, mais il n'a mis dans cette composition rien d'original, rien de neuf, et n'a pas même rendu tous les effets dramatiques dont l'ouvrage était susceptible. Il faut convenir aussi que le choix du poëme n'a pas paru fort heureux. L'opéra de Roland n'offre qu'une très-belle scène, le contraste des fureurs de ce fameux paladin, avec la joie tranquille et naïve des bergers témoins de l'amour d'Angélique et de Médor; tout le reste n'a rien d'intéressant, de théâtral. On sait ce que Louis XIV, malgré son amour pour Quinault, en dit lui-même lorsqu'il le vit pour la première fois : Ce Roland n'est qu'un vieux fou, Angélique une grisette et Médor un faquin. »

Malgré ces observations assez judicieuses, Roland eut un succès prodigieux, et l'on ne se rappelle pas avoir vu à l'opéra une affluence aussi considérable et aussi soutenue.

Page 268, vers 17.

J'ai pour ami, déesse, un vieux rêveur,
Dit Chatellux.

M. de Chatellux, auteur de l'ouvrage intitulé : *La félicité publique*, était grand amateur de musique.

NOTES.
CHANT SIXIÈME.

Page 278, vers 4.
Il arriva le jongleur de Bohème.

Tout ce morceau est supérieurement frappé ; on voit que Marmontel, en attaquant l'antagoniste de Piccini, combattait *pro aris et focis* ; au reste, on sait que la satire ne prouve rien, les plaisanteries prouvent encore moins, et le poëte, tout en saisissant le côté faible du compositeur allemand, n'en appréciait pas moins les beautés immortelles dont ses ouvrages sont remplis ; il voulait seulement frapper de ridicule ce fanatisme aveugle qui se refusait à sentir le mérite de l'auteur d'Atys et de Didon, de ce compositeur si tendre et si pur, qui a obtenu le surnom de Racine du chant.

Page 281, vers 13.
La Colonie avait fait ce miracle.

La *Colonie* est un charmant opéra de Sacchini qui a eu le plus grand succès, et qui au bout de quarante ans, fait toujours le même plaisir.

Page 282, vers 21.
Un bruit horrible, enfin le bruit d'Alceste.

Il y a ici un peu de partialité ; quoique la musique d'*Alceste* soit en effet un peu bruyante, elle contient des beautés du premier ordre, et Sacchini, toujours disposé à rendre justice au génie et même au talent, répondit à quelqu'un qui lui disait que l'opéra d'*Alceste* était tombé : « du ciel donc ? »

Page 285, vers 5.

Piccini vient en France.

L'arrivée de Piccini fit une très-grande sensation. Les Français sont naturellement enthousiastes et hospitaliers; ils accueillirent cet étranger célèbre, avec la plus grande distinction; son caractère personnel invitait d'ailleurs à redoubler d'attentions pour lui. Complaisant et affectueux, il ne se faisait jamais prier pour causer du plaisir, et toujours pour accepter un éloge. Personne ne rendait plus de justice que lui à celui dont on empruntait le nom pour le persécuter. Piccini était tellement étranger par caractère et par goût à toutes ces menées, et ces odieuses cabales, qu'au milieu de ses plus brillants triomphes, il disait à sa famille et à ses amis, qu'il aurait bien voulu ne jamais venir en France.

Page 287, vers 17.

Où de ma reine on voit l'auguste sœur.

S. M. Marie-Antoinette, reine de France, était sœur de la reine de Naples. Cette malheureuse princesse témoigna en effet à Piccini l'intérêt qu'elle accordait toujours aux talents, elle le prit pour maître, lui permit de donner des concerts à la cour, sollicita et obtint pour lui une pension du roi, enfin lui prodigua toutes

NOTES. 395

les marques les plus flatteuses de sa bienveillance et de sa protection.

CHANT SEPTIÈME.

Page 295, vers 6.

Et quels hommes! quels hommes!
Que Monteclair et Destouche et Mouret.

Ce qu'on peut dire de plus fâcheux pour ces trois grands hommes, c'est qu'on a oublié jusqu'à leur nom.

Page 303, vers 3.

Chez le Berton viens souper avec nous.

Berton, directeur de l'opéra, et père du célèbre auteur de *Montano*, d'*Aline* et du *Délire*.

CHANT HUITIÈME.

Page 317, vers 5.

Envers Houdon
Chacun voulut s'acquitter par un don.

Houdon avait déja beaucoup de réputation en 1778, et ce fut lui qui fut chargé de faire le buste de Voltaire.

Page 319, vers 10.

J'ai mis Pigal et Vernet à la mode.

Pigal, célèbre sculpteur. Vernet peintre, était le père de Carle Vernet, il excellait dans les marines; un matelot en fit un jour, sans le vouloir, un éloge bien flatteur; on lui proposa d'aller voir un tableau de ce peintre, et il répondit: Ah! bah! je vois cela tous les jours.

Page 322, vers 20.

Cher Larrivée, il faudra que tu cries.

Larrivée était un acteur fort à la mode, qui avait des poumons vigoureux et qui criait de toutes ses forces; il s'enrôla sous la bannière de Gluck, et comme il lui échappa un jour de dire qu'il n'y avait qu'une vérité dans le monde, et que c'était Gluck qui l'avait trouvée, M. Framery lui adressa les vers suivants :

> De la nature imitateur sublime,
> Quelle énergie et quelle majesté!
> Par quels accents dans mon cœur exalté
> Fais-tu passer la fureur qui t'anime?
> De tes combats comme il est agité!
> De tes tourments comme il est tourmenté!
> Comme bientôt la douce volupté
> Vient reposer mon ame trop émue!
> Est-ce de l'art le langage apprêté?
> D'où lui viendrait cette force inconnue?
> N'est-ce pas là, dis-moi, la vérité?
> Quand plus sauvage et moins forte, peut-être,
> Tenant de toi son éclat emprunté,
> Par toi perdant toute sa dureté
> Auprès d'un seul tu crus la reconnaître,
> Séduit, sans doute, étais-tu transporté

De ce plaisir qu'avec simplicité
Sans nul effort son rival a fait naître?
Pour être atteint le cœur est-il flatté?
Avec l'horreur, le cri, l'atrocité,
Il est ému, mais il est révolté;
Plaire toujours est l'art qu'il faut connaître,
Rapproche donc tes yeux de la clarté,
De tout parti cesse d'être entêté;
Mais du vrai goût ami, digne de l'être,
S'il n'en est qu'un, toi, qui l'as présenté,
Confesse au moins son véritable maître.

CHANT NEUVIÈME.

Page 334, vers 9.

C'est là trois mois le sabat héroïque
Qui réjouit le spectacle lyrique.

Cette inversion me paraît un peu forcée; je suis persuadé que si ce poëme eût été publié du vivant de Marmontel, il aurait revu ces deux vers.

Page 336, vers 9.

Cette querelle a fait monter de Vîmes.

Il était frère d'un fermier général, et directeur de l'opéra.

Page 344, vers 10.

Et vous, dit-il, *et vous aussi, mes Brutes.*

Parodie extrêmement plaisante du vers latin *Tu quoque, Brute.*

NOTES.

Page 347, vers 2.

Finon pâlit au nom de Coquéau.

Coquéau était un picciniste qui publia deux brochures très-piquantes contre les partisans de Gluck.

CHANT DIXIÈME.

Page 353, vers 13.

L'abbé Delille avec son air enfant.

L'abbé Delille était un des plus chauds partisans de Piccini, et en général il aimait beaucoup la musique ; cet art a charmé sa vieillesse.

Page 357, vers 29.

Quand de la mode il subirait le *joug*,
Et dans Atys ferait un peu de *Gluck*.

Marmontel aurait certainement changé la rime de *Gluck* et de *joug*, qui ne peut absolument pas être admise.

Page 358, vers 20.

Vous me direz que Piccini ressemble
Fort mal au chêne et beaucoup mieux au tremble.

Ces deux vers sont extrêmement piquants pour ceux qui ont connu le bon Piccini, qui ressemblait en effet beaucoup plus à un tremble qu'à un chêne : si ses ouvrages rappelaient Racine, sa personne rappelait la Fontaine.

NOTES. 399

Page 362, vers 10.

Par les accents de mon cher Sacchini.

Piccini et Sacchini étaient extrêmement liés et se consultaient réciproquement sur leurs ouvrages.

Page 364, vers 11.

L'ame, l'esprit, le goût et le génie
Sont dans Atys; va dormir en repos.

Dans l'édition saisie le poëme n'avait que dix chants, mais l'intention de l'auteur avait toujours été de le diviser en onze chants, et j'ai cru que les deux vers cités plus haut devaient naturellement terminer le dixième.

CHANT ONZIÈME.

Page 367, vers 1.

Heureux l'auteur dont la muse attentive.

Les trente-cinq premiers vers du chant onzième ne se trouvent pas dans l'édition saisie, et le public aurait perdu beaucoup à ne pas les connaître; ils sont pleins de grace et d'harmonie.

Page 376, vers 18.

Cette licence est donnée au talent,
Dit Jupiter; il faut bien qu'il en use.

Les vingt-deux vers qui suivent ne se trouvent pas dans l'édition saisie, et il y en a de charmants.

NOTES.

Page 378, vers 15.
Il a vengé Lemoine et Lesueur.

Ces deux célèbres artistes vivaient sous Louis XIV, et ce n'est qu'à force de succès et de talent qu'ils ont pu triompher de toutes les persécutions que leur suscitèrent l'intrigue, l'envie et la mauvaise foi.

Page 378, vers 16.
Mis à leur place et Racine et Voltaire.

Tout le monde sait que Racine a vu la *Phèdre* de Pradon préférée à la sienne, et qu'il est mort sans qu'on fût convenu qu'*Athalie* était un chef-d'œuvre; quant à Voltaire, on l'a humilié par une comparaison; on lui donnait, dans certaines coteries, Crébillon pour rival et même pour vainqueur, ce qui lui faisait dire avec un peu d'amertume

On préfère à mes vers Crébillon le barbare.

Page 378, vers 17.
Et sur son art jeté quelque lueur.

Les treize vers suivants sont différents dans l'édition saisie, mais ceux que nous donnons au public sont bien préférables sous le rapport du goût et de l'esprit.

FIN DES NOTES DE POLYMNIE.

www.ingramcontent.com/pod-product-compliance
Lightning Source LLC
Chambersburg PA
CBHW071221240426
43671CB00030B/1478